조선 명가 안동김씨

조선명가 안동김씨

저자_ 김병기

1판 1쇄 인쇄_ 2007. 1. 2.
1판 2쇄 발행_ 2007. 2. 15.

발행처_ 김영사
발행인_ 박은주

등록번호_ 제406-2003-036호
등록일자_ 1979. 5. 17.

경기도 파주시 교하읍 문발리 출판단지 515-1 우편번호 413-756
마케팅부 031)955-3100, 편집부 031)955-3250, 팩시밀리 031)955-3111

글·사진 저작권자 ⓒ2007 김병기·권태균
이 책의 글과 사진의 저작권은 각 저자에게 있습니다.
서면에 의한 저자와 출판사의 허락 없이 내용의 일부를 인용하거나 발췌하는 것을 금합니다.

Copyright ⓒ2007 Kim Byung-Gi · Kwon Tae-gyun
All rights reserved including the rights of reproduction
in whole or in part in any form. Printed in Korea.

값은 표지에 있습니다.
ISBN 978-89-349-2405-0 04900
       978-89-349-2158-5 (세트)

독자의견 전화_ 031) 955-3104
홈페이지_ http://www.gimmyoung.com
이메일_ bestbook@gimmyoung.com

좋은 독자가 좋은 책을 만듭니다.
김영사는 독자 여러분의 의견에 항상 귀 기울이고 있습니다.

표정있는역사

조선 명가 안동김씨

김병기 지음

| 머리말 |

'안김'이니, '장김'이니 하는 말들을 오늘날에는 무슨 뜻인지 알지 못하나 불과 100년 전까지만 해도 누구나 아는 보통명사였다. 바로 '안동김씨', '장동김씨'를 말하는 것인데 안동김씨의 60년 세도정치를 통해 김조순 이후로 조정의 크고 작은 벼슬과 지방의 관리들은 온통 안동김씨와 그 추종자들이 차지하였다. 그중에서도 장동(壯洞)에 살았던 김조순의 아들인 김유근과 김좌근, 그리고 김좌근의 아들인 김병기에 이르는 장동김씨의 세력은 하늘을 찌를 듯했다.

따라서 '조선은 김씨의 나라지, 이씨의 나라가 아니라'는 말까지 세상에 퍼졌다. 『매천야록』을 쓴 황현도 '다만 그들이 오랫동안 국권을 장악하여 세상에서는 장동김씨만 알고 국가가 있는 줄을 모르고 있으므로, 어떤 사람들은 장동김씨가 나라의 기둥이라고 말하지만 어찌 그럴 수 있겠는가?'라고 탄식하였다.

실제로 조선 말 순조 임금대 이후로 영의정(김흥근·김좌근·김병학·김병국·김병시), 좌의정(김흥근·김병덕), 우의정(김달순·김이교) 등 정승이 모두 신안동김씨라 불리는 이 장동김씨 한 집안에서 나와 사실상 나라의 권력을 좌지우지하였다. 영안부원군 김조순 이후 순(淳)자, 근(根)자, 병(炳)자의 항렬(行列)로 내려오면서 조선 팔도에 벼슬하지 않은 안동김씨가 없다고 할 지경이었다.

또한 왕후가 연이어 3명이 나왔다. 23대 순조비인 순원왕후(김조순의 딸), 24대 헌종비 효현왕후(김조근의 딸), 25대 철종비 철인왕후(김문근의 딸)가 그들이다. 3대를 내리 왕실의 외척으로 안동김씨의 세도는 그 끝을 알 수 없었다.

그렇기 때문에 우리는 안동김씨가 조선 후기 60년간 세도정치로 나라를 어지럽힌 집안이라고 흔히들 알고 있다. 하지만 안동김씨가 우리 역사에 마냥 해악만 끼쳤던 가문은 아니다. 안동김씨의 이름은 우리 역사에서 어둠이었지만 동시에 빛이었다. 조선왕조 사상 가장 많은 문과 급제자를 배출한 집안의 하나며, 나라에 위기가 닥칠 때마다 아끼지 않고 목숨을 바쳤던 충절과 절의의 본가 또한 안동김씨였다. 병자호란 때의 충절 공신 김상용과 김상헌 형제가 바로 그런 인물들이었다.

예로부터 우리나라는 가문을 중시하여 출신 혈통에 따라 사회적인 명성과 가풍을 가늠했다. 다른 가문보다 뛰어난 가문은 혈연을 중심으로 학맥(學脈)과 혼맥(婚脈)을 통해 가문의 가풍을 면면히 세워나갔다. 가문에 대한 이러한 인식은 지금도 우리 생활에 깊게 자리 잡고 있다. 이 책에서 이야기하고 있는 안동김씨 역시 명문가로 오랜 세월을 지나오면서 학맥과 혼맥을 통해 훌륭한 가풍을 이루어왔다.

이렇게 한 가문이 오랜 세월 동안, 수십 년 혹은 수백 년에 걸쳐 나라의 인재를 계속 배출할 수 있었던 것은 그들만의 오랜 전통과 훌륭한 가학(家學)으로 이루어낸 든든한 뿌리가 있었기 때문이다.

지금 안동김씨라는 한 가문의 영고성쇠를 살펴보는 것도 그 때문이다. 역사가 사람이 만들어가는 것이라면, 우리 역사에 큰 영향을 끼친 안동김씨 일문(一門)을 통해 우리 역사를 반추해볼 수 있으리라 생각해서다.

돌이켜보면 구한말 일제의 국권침탈이 시작되자 한 시대의 권력을 장악했던 양반 명문 거족들은 스러져가는 민족·국가보다 자신과 가문의 안위와 영달에 힘써 백성의 고통과 어려움을 외면했다. 잘난 조상 덕에 두고두고 양반 거족으로 행세하고 온갖 명예를 누려온 가문들이 정작 나라가 누란(累卵)의 위기에 빠졌을 때는 나라를 위해 떨치고 일어나지 않았다. 아니 많은 명문가가 오히려 일제가 내려준 작위와 은사금에 손을 벌리기도 했다. 이러한 명문가의 처신은 우리 역사의 그늘이기도 하지만, 혜택받은 자들의 책임인 '노블레스 오블리주'는 오늘날에도 우리에게 교훈이 되고 있다.

이 책에서는 객관적인 입장에서 안동김씨 명문가를 보려고 애썼다. 이번 자료를 섭렵하던 중 정작 문중 족보 외에는 집안의 내력과 인물들을 소상히 밝힌 자료를 찾을 수 없었다. 비단 안동김씨 문중만이 아니라 우리나라에 특출한 문중이 그렇게 많지만 의외로 문중사에 대한 연구가 거의 없었다는 것을 알게 되었다. 그동안 우리나라 문중사학(門中史學)이 '가문의 영광'에만 집착해왔기 때문에 문중 인물에 대한 어떠한 비판도 용납되지 않고 금기시 되어왔던 것이 사실이다. 그 결과 가문의 빛나는 공(功)까지도 역사의 뒤편으로 가려지고, 세계적인 우리 역사 문화유산인 문중사학에 대한 연구를 가로막는 장애가 되기도 하였다. 앞으로 문중사학이 우리 역사의 한 장르로서 자리매김 되기를 기대해본다. 자료의 제한으로 이 책에서는 신안동김씨가 중심이 되었다. 자료가 보완되면 구안동김씨에 대해서도 소상히 밝혀보고 싶다.

2007년 1월

보본(普本) 김병기 씀

여는 글 | 그들의 시대가 열리다

다섯 세대 동안 여섯 번 사신을 갔으니	五世六專對
충성스럽고 근면하기 다른 누가 비기리오	忠勤人莫京
후손이 또 그 아름다움을 이어받아	後繩趾厥美
금년에 이 사명 수행을 맡았구나	今歲膺玆行
눈이 쌓여 일찍이 고초를 겪었고	雪積曾餐苦
걱정되어 그 옛날에 얼음을 마셨지	冰餘舊飲凊
가거든 그 나라 정세를 잘 정탐하여	往哉能覘國
사신의 명성을 저버리지 말지어다	毋負使華名

조선 제22대 왕 정조가 손수 쓴 글을 모아둔 문집 『홍재전서(弘齋全書)』 제6권에 실려 있는 글이다. 중국으로 떠나는 한 사신을 위해 정조가 직접 지은 시였다. 학식이 뛰어났던 그답게 옛날 중국의 고사와 비유들을 인용해서 써낸 시구다. 이 시를 받는 이의 훌륭한 집안 내력을 이야기하며 칭찬하고, 이후로 사신의 어려움을 말하면서도 맡은 바 임무를 잘 수행할 것을 당부하고 있다. 중국의 사신으로 가는 일이니 신하로서는 굉장한 영광이었지만, 또 한편으로는 어렵고 고된 일이었다. 그리하여 정조는 이처럼 시를 지어 그를 위무하고자 하였다. 이는 정조가 그 신하를 아끼고 소중히 했다는 반증이기도 하다. 이 시를 받은 이는 훗날 정조가 사돈으로 삼고자 했던 김조순(金祖淳)이다.

1800년 6월 28일, 정조가 승하한다. 정조의 죽음은 그가 준비해 왔던 많은 개혁들의 종말을 의미했고, 동시에 그의 총애를 받았던 젊고 패기 넘치는 신하들의 시대가 끝났음을 뜻했다. 정조는 규장각을 세워 젊은 학자들의 양성에 힘을 기울이는 한편, 장용영을 통해 군사력을 양성하여 왕권을 강화하고자 했다. 그러나 그 꿈을 다 이루기도 전에 한창 나이인 49세로 세상을 떠났다.

왕조시대에 있어 왕의 승하는 단지 정권교체만이 아니라 그 이후 휘몰아칠 피의 숙청을 예고하기도 했다. 전 왕의 총애를 받던 인물들이 대거 축출되고, 반대파의 인물들이 득세하기도 했으며, 심지어 왕위를 노리는 반란세력이 등장하기도 하는 등, 새로운 왕이 왕권을 굳건히 하기 전까지 정권교체기의 혼란스러움은 늘 있어왔다. 정조의 죽음 역시 이제까지 정조가 아끼던 신하들을 지켜주던 두껍고 튼튼한 장벽이 소멸했음을 뜻했다.

제 아무리 왕이라 해도 죽지 않을 수는 없다. 하지만 정조는 너무도 갑작스럽게 죽음을 맞이하였다. 그래서 지금까지도 그의 죽음은 독살설에서 자유롭지 못하다.

정조의 후계자인 순조는 당시 고작 열한 살이었다. 이는 곧 닥쳐올 커다란 파란을 예고하는 것이었다. 순조는 아버지의 권세와 유지를 이어받기에는 너무도 어렸다.

정조는 자식 복이 없었다. 정비 효의왕후(孝懿王后) 김씨와의 사이에서는 자식이 없었고, 의빈(宜嬪) 성씨에게서 얻은 첫째 아들 문효세자(文孝世子)는 다섯 살의 나이로 죽었다. 정조가 39세 때 수빈(綏嬪) 박씨에게서 얻은 둘째 아들이 순조로, 유일한 후계자였으나 정조가 승하할 당시 아직 가례마저 올리지 않은 상태였다.
왕과 세자의 결혼은 바로 다음 대 정권의 판도를 결정짓는 지극히 중요한 일이었다. 세자의 혼사는 당사자뿐 아니라, 그 비의 친정이 될 가문에도 마찬가지로 중요한 일이었다. 성공한다면 현 왕의 사돈이자, 다음 왕의 장인으로서 부원군에 봉해지고 엄청난 권력과 영달을 누릴 수도 있었지만, 또 한편으로는 계승문제나 복잡한 정치문제에 얽혀 멸문지화를 입을 수도 있었다. 왕가와 혼인을 한다는 것은 굉장히 위험한 도박이었다.
생전에 정조는 하나뿐인 아들의 혼처를 심사숙고한 끝에 골랐다. 한평생 외척들의 등쌀에 시달리며 그들을 가장 혐오했던 정조가 아무 집안의 사람을 며느리로 고를 리 없었다. 더군다나 정조는 왕으로서 원대한 꿈을 가지고 있었다. 비명에 간 아버지 사도세자(思悼世子)의 한을 푸는 것만이 목적이 아니었다. 그는 평생에 걸쳐 왕이 왕답게 군사, 정치, 학문을 주재하고, 주자학의 이론을 나라에 체현하는 이상 국가를 꿈꾸었다. 따라서 차후 문젯거리가 될 수 있는 외척 역시 염두에 두었을 것이다. 그게 아니더라도 나이 들어서 얻은 귀한 자식에게 가장 좋은 배필을 찾아주고 싶은 것이 부모로서 당연한 마음가짐이었으리라.
 정조가 자신의 사돈감으로 선택한 이는 아직 젊고, 너그러우면서도 현명한 인물이었다. 훌륭한 가문 출신인 것은 두말할 나위가 없었다. 이미 몇 대에 걸쳐 나라를 위해 목숨을 바친 충신과 정승들을 배출해왔던 집안이었고, 대대로 갈고 닦아온 학문의 전통에서도 부족함이 없었다. 그가 스물한 살이라는 젊은 나이에 과거에 급제하자 정조는 크게 기뻐하며 조순(祖淳)이라는 새로운 이름을 내려주고, 풍고(楓皐)라는 호까지 지어 내렸다. 임금에게서 이름과 호를 받았으니 얼마나 큰 영광이었으랴. 이후로 김조순은 정조의 최고 측근인 규장각의 내신으로 있었고, 한번도 지방으로 발령을 받지 않았다. 외지에 나갔던 일이라고는 25세 때 청나라의 수도 연경(지금의 베이징)에 사신으로 다녀온 것뿐이었다.
 김조순의 집안은 대대로 성리학을 연구했지만 그는 또래 사람들과 어울려 새로운 학문을 공부하기도 했다. 딱딱하고 어려운 글뿐 아니라 가벼운 소설이나 문학 작품들도 즐겨 읽었다. 투철한 주자학자인 정조는 때때로 김조순의 자유분방함을 못마땅해 했지만 한두 번 지적한 뒤 쉽게 용서했다. 그만큼 그를 아낀 것이다. 이후로도 규장각의 측근으로 두고 군사적 기반인 장용영의 지휘권을 내려주는 등, 그를 지극히 신임하고 아꼈다.
 이처럼 정조가 김조순을 아꼈던 것은 비단 개인의 능력이 빼어난 덕분만은 아니었다. 그의 집안은 전통적인 노론의 명가였다. 당시는 당파 간의 파벌과 대립이 극심하던 시기였다. 그리고 노론은 여러 당파들 중에서도 가장 강력한 세력을 가지고 있었다. 이들은 사도세자를 죽음으로 몰아넣었으며, 정조의 즉위에도 반대했다. 뿐만 아니라 당파싸움의 폐해를 줄이기 위해 영조와 정조가 실시했던 탕평책 또한 반대하고 있었다. 그런데도 정조가 노론 가문의 김조순을 특별하게 대할 수 있었던 것은, 정조 자신이 김조순의 조상이었던 김수항(金壽恒)과 김창집(金昌集)의 글을 좋아했기 때문이다. 그러나 무엇보다도 당시 김조순의 집안이 노론이지만 시파(時派)였다는 것이 강력하게 작용했을 것이다.

시파란 노론 중에서도 사도세자의 죽음을 애석해하는 이들이었다. 좀 더 자세히 말하자면 노론 중에 정조의 정책에 찬성하던 이들이 시파였고, 반대한 이들이 벽파였다. 이제까지 있었던 노론과 소론, 남인 등의 당파는 여전히 잔존했지만 정조의 등극을 둘러싸고 집권 세력인 노론이 시파와 벽파로 나뉘면서 당파는 더욱 복잡한 양상을 띠게 되었다.

정조가 원했던 것은 정치적으로나 정신적으로 자신을 도와줄 수 있는 든든한 버팀목이었다. 김조순이 순조 나이 또래의 딸을 둔 것은 행운이었다. 정조는 특유의 신중함을 발휘해 많은 후보들 중에서 세자빈을 고르고 골랐을 것이다. 정조가 어린 세자의 혼인을 위해 간택령을 내렸을 때, 이미 김조순의 딸은 세자빈으로 예정되어 있었다. 왕후나 세자빈이 대례를 치르기까지 세 번의 간택을 통과해야 했는데, 1·2차 간택에서 그의 어린 딸은 무난히 통과했다. 이제 김조순과 그의 일문은 정조라는 날개를 달고 하늘 높이 날아오를 준비를 하고 있었다.

그러나 뜻밖에 정조가 갑작스럽게 승하했다. 이미 3차 간택이 끝났다면 아무 문제없이 대례만 치르면 되지만, 간택 과정 중에 왕이 승하했고 대례 문제는 순식간에 공중으로 떠버렸다. 김조순과 그의 어린 딸은 하루아침에 끈 떨어진 연 신세가 되었다. 세자의 결혼에 가장 큰 권한을 쥐고 있었던 이는 정조였다. 간택 역시 그의 입김이 작용했음은 물론이다. 하지만 그는 이제 죽었고, 정권은 대왕대비 정순왕후(貞純王后) 김씨의 손으로 넘어갔다.

정조에게 친정붙이들이 족멸당했던 정순왕후 김씨는 원한에 사무쳐 있었고, 정조가 남긴 모든 것을 증오했다. 이제까지 정조의 날카로운 공격에 궁지에 몰려 있던 벽파들은 그녀와 더불어 활개를 쳤다. 일순 세력을 잡게 된 벽파들은 정조가 만들어왔던 모든 것들을 조금씩 허물어뜨리더니 끝내 없애버렸다. 규장각과 장용영은 빈껍데기가 되어버리고, 결국에는 혁파되어 없어졌다.

새롭게 즉위한 어린 왕의 중전 자리 역시 묘연해졌다. 이제 세력을 잡은 쪽은 정조를 못내 미워하던 정순왕후의 가문인 경주김씨와 벽파 세력들이었다. 그들이 정조가 원했던 혼담을 그대로 진행시킬 리 없었다. 김조순의 입장에서는 그나마 간택이 취소되고 말면 다행이지만 죽은 왕의 총신으로서 어떤 정치적 보복을 받게 될지 알 수 없었다. 이제 김조순에게는 어떻게 살아남느냐가 가장 큰 문제였다. 김조순 개인은 물론이고 그가 속한 안동김씨 가문에도 절체절명의 순간이었다. 위기는 기회라 했던가. 안동김씨 세도정치 60년은 여기에서 시작된다.

차례

머리말 _4
여는 글 | 그들의 시대가 열리다 _8

1. 하나의 성씨 두 개의 가문 _17
2. 떠오르는 명문가 _47
3. 당쟁의 소용돌이에 휘말리다 _105
4. 위풍당당한 세도가 _143
5. 조선의 노블레스 오블리주 _193

닫는 글 | 조선 명문가란? _214
부록 _219

하나의 성씨 두 개의 가문

구안동, 신안동?

우리가 알고 있는 안동김씨는 구안동김씨와 신안동김씨로 구분할 수 있다. 구안동김씨와 신안동김씨는 본관과 성씨가 같을 뿐, 사실상 별개의 성이다.

김씨는 우리나라 성씨 가운데서도 가장 많은 인구를 가진 대성(大姓)이다. 문헌의 기록을 보아도 수백 본이 되는 김씨는 크게 가락국 수로왕 계통과 신라의 알지 계통으로 나뉜다. 현존하는 거의 모든 김씨가 이 두 계통 중 어느 한쪽에 그 연원을 두고 있다고 해도 과언은 아니다. 신라 56명의 왕 중에서 알지계의 김씨는 38명이며, 이것이 신라·고려·조선시대를 거쳐 오면서 수백여 관향(貫鄕)으로 나뉘었다. 이중에서도 신라 마지막 왕인 경순왕의 후손에서 가장 많은 계파가 갈렸다. 경순왕에게는 아들이 아홉 있었는데 그중 넷째 아들인 은열(殷說)의 후손이 가장 번창하여 구안동(舊安東)·청풍·김녕·도강·전주·양근·영광·안산김씨 등이 모두 그의 후손이다. 이 밖에 선산·의성·언양·울산·나주·상산(商山)·안로(安老)·연안·순천·고령 등이 알지의 후손, 곧 경주김씨의 갈래이다.

구안동김씨는 경순왕의 손자 김숙승(金叔承)을 시조로 하고 있는 반면, 신안동김씨는 고려 태조의 삼태사(三太師) 중 한 사람인 김선평(金宣平)을 시조로 하고 있다. 상대적으로 신안동김씨의 시조인 김선평 이전의 역사에 대해서는 많이 알려져 있지 않다. 『(신)안동김씨 대동보』에 김선평이 신라 효공왕 5년 흥덕궁에서 출생했다는 언급이 있지만, 후손들의 사사로운 기록에서 나온 내용이라 신뢰하기 어렵다. 오히려 신안동김씨를 기록한 현존 사서 중 가장 오래된 『고려사』 쪽을 신뢰하는 것이 좋을 듯하다. 따라서 이 두 성씨는 비록 본관과 성은 같아도 완전히 별개의 성이다. 그래서 통혼해도 동성동본의 금기에 저촉이 되지 않으며, 실제로 『안동김씨 대동보』를 보면 수많은 구안동김씨와 신안동김씨가 혼인했음을 확인할 수 있다.

완전히 별개의 성씨인 구안동김씨와 신안동김씨는 역사상 궤적에도 많은 차이가 난다. 구안동김씨는 고려 때 몽골과의 일본정벌에서 전과를 올리고 삼별초를 토벌하며 활약했던 상락군 개국공(上洛君開國公) 김방경(金方慶)을 중시조로 하고, 이후로 많은 인물을 배출했다. 조선시대에는 진주성의 명장 김시민(金時敏)과 후금군과 싸우다 전사해 유하장군(柳下將軍)이라는 별명이 붙은 김응하(金應河)가 구안동김씨를 대표하는 인물들이다. 이처럼 구안동김씨는 조선시대 대표적인 무반 가문으로 그 세력을 떨쳤다. 하지만 인조반정 이후 막강한 세도를 부리다가 마침내 청나라에 조선의 사정을 밀고했던 김자점(金自點)이 가족들과 함께 멸족되면서, 가세가 크게 꺾이게 된다. 그러나 일제강점기 때 대한민국 임시정부를 지휘했던 걸출한 지도자 백범 김구를 배출하기도 했다.

그에 비해 신안동김씨는 고려시대는 물론이요, 조선 중기 즈음에 이르기까지 별다른 중요한 인물을 배출하지 못했다. 오랜 침묵 끝에 역사 속에서 급부상한 신안동김씨의 황금기는 조선 후기였다. 세도정치로 유명한 안동김씨가 바로 신안동김씨이다. 정조가 세상을 떠나고, 흥선대원군이 등장할 때까지 60년 동안은 신안동김씨의 시대였다.

조선 후기에 크게 세력을 얻은 신안동김씨 가문을 두고 '금관자(金貫子)가 서 말' 이라고 했다. 관자란 갓 끈에 꿰어 고정시키는 도구로 성인 남자가 사용하는 것인데, 벼슬의 높이에 따라 쓸 수 있는 재료가 대나무, 산호 등등 다르다. 금으로 만든 관자라 하면 높은 벼슬을 가진 사람이나 할 수 있는 것이고, 그게 한두 개가 아니라 서 말씩이나 된다면 큰 벼슬한 사람이 매우 많다는 소리다. 그만큼 조선 후기의 유명한 정치인들 상당수가 바로 신안동김씨 가문에서 나왔다. 신안동김씨의 세도정치에 대해서는 비판의 소리가 나올 수 있겠지만, 갑신정변의 주역 김옥균이나 청산리 전투로 유명한 김좌진 장군이 있다는 사실 역시 염두에 두어야 할 것이다.

구안동김씨의 중시조, 김방경

안동김씨 앞에 붙은 구(舊)와 신(新)이라는 표현은 그저 다른 두 성씨를 구분하기 위한 것이지 별다른 의미는 없다. 구안동김씨 쪽이 그 역사가 조금 더 오래되었다고 할 수 있지만, 두 가문 다 신라 말에서 고려 초 무렵에 생겨났기 때문에 그렇게 커다란 차이는 없다.

먼저 두각을 나타낸 것은 구안동김씨였다. 고려시대 초기와 중기까지는 구안동김씨의 후손들에 대한 기록을 찾아볼 수 없지만, 중시조인 상락공 김방경에 이르러 안동김씨 가문은 크게 위세를 떨친다.

『고려사』「김방경 열전」은 그가 경순왕의 후손이자 안동이 본관

◉ 1. 하나의 성씨 두 개의 가문 ◉

김방경 신도비 삼별초의 난 때 큰 공을 세우는 등 고려 후기 뛰어난 무장으로 이름을 날린 김방경은 구안동김씨의 중시조이다.

이라고 적고 있다. 구안동김씨가 경주김씨에서 갈라져 나왔으니 정확한 서술이라 하겠다.

고려 후기는 무신정권과 몽골의 침입으로 얼룩졌던 혼란기였다. 전쟁의 시대를 산 김방경은 그 와중에 두각을 나타냈다.

김방경의 어린 시절에 대해서는 그리 많이 알려지지 않았다. 어머니가 태몽으로 구름과 안개를 들이마시는 꿈을 꾸어 김방경을 두고 신선이 인간으로 내려온 것으로 여겼다는 이야기가 있고, 어려서 할아버지 김민성(金敏成)의 집에서 지낼 때 뜻이 조금만 마땅치 않으면 거리에 나가 드러누워 울었는데 소와 말이 피해 다녔다는 일화 정도가 전한다.

아버지 김효인(金孝印)은 과거에 합격하고 병부상서 한림학사까지 벼슬을 했기에, 김방경은 고종 때 음직으로 산원(散員, 고려의 정8품 무관) 겸 식목녹사(式目錄事)로 임명된 것을 시작으로 관직생활을 할 수 있었다. 하지만 이렇다 할 활약을 보이지 못한 와중에 몽골과의 전쟁이 시작되었다.

1231년(고종 18) 몽골의 제1차 침입이 시작되었고, 고종의 뒤를 이어 즉위한 원종(元宗)이 쿠빌라이 칸과 화의를 맺고 강화도에서 출륙(出陸)을 결정하면서 30년 동안 계속된 고려와 몽골 간의 전쟁은 끝을 맺었다.

김방경은 서북면 병마판관(兵馬判官)이 되었을 때 몽골병이 침공해오자 피난민들을 이끌고 선천 앞바다 위도(葦島)에 들어가서 농토를 개간하고 저수지를 만들어 먹고 살게 했다. 이후 원종 때 지어사대사(知御史臺事)에 승진되고 후에 상장군(上將軍)까지 올랐다. 그러나 그가 본격적으로 활약하기 시작한 것은 삼별초의 난이었다.

고려가 몽골에 항복하고 수도를 개경으로 옮기자 여기에 반발하여 1270년(원종 11) 배중손(裵仲孫)이 중심이 된 삼별초들은 왕족 중 한 사람을 왕으로 세우고 반란을 일으켰다. 이들은 강화도에서 진도로 근거지를 옮겨가며 계속 저항했다. 이때 김방경은 몽골의 장군 흔도(忻都), 홍다구(洪茶丘)와 함께 삼별초의 본거지 진도(珍島)를 공격했으며 이후 행영중군병마원수(行營中軍兵馬元帥)로 임

● 1. 하나의 성씨 두 개의 가문 ●

명되어 탐라(耽羅, 지금의 제주도)로 후퇴한 삼별초를 완전히 진압했다. 삼별초의 난이 외국의 침략에 분연히 일어선 저항인지 무신정권의 잔재인지는 아직까지 학계에서는 의견이 분분하다. 사정이야 어쨌든 이 일로 능력을 인정받은 김방경에게 또 하나의 임무가 내려졌다. 바로 일본정벌이었다.

삼별초의 난이 진압된 바로 다음 해인 1274년, 몽골은 일본정벌을 시작한다. 전쟁의 이유는 당시 일본이 쿠빌라이 칸에게 조공을 바치지 않았을 뿐더러, 거만하게 굴었다는 것이었다. 그런데 정벌의 주체는 몽골이었는데도 고려는 동맹국이라는 허울 좋은 명분에 밀려 배와 병사를 징발하는 등 정벌에 참여하게 되었다. 몽골은 지금의 마산인 합포(合浦)에 정동행중서성(征東行中書省)이라는 기관을 설치하고 일본정벌을 위해 고려의 자원을 쥐어짰다. 몽골과의 전쟁이 끝난 지 얼마 되지 않았으니, 일본정벌이 고려에 커다란 부담이 되었으리라는 것은 의심의 여지가 없다.

여몽연합군의 일본정벌에서 김방경은 중군장(中軍將)의 직위를 담당했다. 일본정벌에는 훌돈(忽敦)이 지휘하는 몽한군(蒙漢軍) 2만 5천 명과 8천 명의 고려군, 키잡이인 초공(梢工)과 노 젓는 수수(水手) 6천7백 명 등이 동원되었다. 전함 900여 척의 대함대였다.

일본 원정은 처음에는 순조로워, 김방경이 이끄는 고려군의 분전 덕에 쓰시마 섬을 정벌하고 '왜병의 시체가 삼[麻]대 누운 것 같다'고 기록할 만큼 대승을 거두었다. 하지만 여몽연합군이 규슈(九州)로 진격할 때 갑자기 불어닥친 폭풍우로 많은 전함이 바위에 부딪혀 부서지고 수많은 군사들이 바다에 빠져 익사했다. 이 태풍으로 1만 3천5백여 명이 불귀의 객이 되고 말았다. 여몽연합군에게

23

는 불행이었지만 일본에는 대단한 행운이었다. 유라시아의 패자(霸者)로 자신만만해하던 몽골은 일본정벌에서 패전함으로써 자존심에 커다란 상처를 남기게 되었다.

1281년(충렬왕 7) 쿠빌라이 칸은 두 번째 일본정벌을 기획했다. 김방경은 이때 도원수의 직책으로 참여하여 정군(正軍) 1만 명과 초공·수수 1만 5천 명을 인솔했다. 일본에 도착한 고려군은 이키섬(壹岐島)을 공격하고 하카다(博多)에서 왜군 300명을 베며 승전했지만 또다시 찾아온 태풍과 전염병 앞에 많은 배와 병사를 잃고 후퇴하고 말았다.

사실 여몽연합군의 일본정벌은 처음부터 여러 문제를 안고 있었다. 몽골의 장수들은 몽골인, 원나라에 귀화한 고려인, 한인(漢人)으로 뒤섞여 있는 데다 김방경은 얼마 전까지만해도 몽골과 전쟁을 벌이던 고려의 장군이었으니 겉으로는 연합군이었어도 실제로는 연합할 수 없는 상황이었다. 또한 남의 전쟁에 끌려나간 고려인 군사들의 사기는 낮을 수밖에 없었다. 무엇보다 전쟁을 일으킨 몽골 스스로가 해전에 미숙했다. 태풍이 찾아오는 시기에 군사를 일으켰으니 그 지역의 지리와 기후에도 어두웠다는 뜻이다. 결국 이 전쟁으로 대제국 몽골은 위신에 큰 손상을 입었으며, 무모한 전쟁에 동원된 고려와 송나라(남송)는 많은 인명과 경제적 손실을 입게 되었다.

일본정벌이 끝난 뒤 고려로 돌아온 김방경은 삼중대광 첨의중찬 판전리사사 세자사 등의 직책을 맡았다가 벼슬에서 물러났으며, 이후 상락군 개국공에 봉해졌다.

그는 89세의 나이로 죽은 뒤에 안동 땅에 묻어달라고 유언하였으며, 충선왕 때에는 그를 선충협모정난정국(宣忠協謀定難靖國)공신, 벽상삼한삼중대광(壁上三韓三重大匡)의 칭호를 추증하고 시호를 충렬(忠烈)이라 하였으며 신도비를 세워 그를 기념했다.

구안동김씨가 배출한 두 충무공, 김시민과 김응하

김방경은 고려의 명장으로 이름을 떨쳤다. 그런 이유로 그의 후손들은 대대로 무관직에 봉직할 수 있었다. 그래서 조선 후기에 이르면 구안동김씨는 대표적인 무반 가문으로 자리를 굳히게 된다. 조선시대 문반으로 유명한 가문들이 있는 것처럼 무반에서도 몇몇 가문들이 이 분야를 독점하고 많은 인물들을 배출해왔다.

이들 무반 가문도 자신들의 가계뿐 아니라 외가와 처가의 문벌에 따라 그들의 지위를 보장받을 수 있었기에, 자신들의 기득권 유지와 지위 향상에 힘썼다. 이들은 동종(同宗)을 양자로 들이는 등 출계(出系) 관계를 통해 철저하게 가문을 이어갔으며, 다른 무반 가문과도 이중 삼중의 결혼을 통해 관계를 맺어나갔다. 또한 무보(武譜)를 작성하여 대대로 무관직을 세습하면서 조선 군권의 상층부를 형성하는 등 매우 폐쇄적인 집단을 형성하고 있었다. 결국 조선시대 무반의 상황도 문반과 다를 바 없었다는 이야기다.

16~17세기 임진왜란 등 여러 차례의 전쟁을 거치면서 무반 벌족이 형성되는데, 대표적으로 전주이씨 효령대군파, 전의이씨 대사성공(大司成公)·전서공파(典書公派), 덕수이씨 충무공파, 경주이씨 문희공파(文僖公派), 안동김씨 상락군파(上洛君派), 평산신씨 문

희공파, 능성구씨 도원수공파(都元帥公派), 진주류씨 정민공파(貞敏公派), 해주오씨 정무공파(貞武公派) 등이 있었다.

이들은 서반·군직의 청요직(淸要職)이라고 할 수 있는 선전관·부장·별군직 등 무반의 고위직으로 나아가는 필수적인 직책을 독점하고 무반 벌족으로 성장하였다. 그 가운데 선전관은 조선시대의 형명(形名, 깃발이나 북으로 군사의 교련을 지휘하는 법)·계라(啓螺, 임금이 거둥할 때 취타를 연주하는 일)·시위(侍衛)·전명(傳命)·부신(符信, 신표로써 서로 나누어진 두 쪽을 맞추는 것) 등의 출납을 담당하는 무반직이다. 선전관은 왕을 가까이 모시는 근시(近侍)의 직임을 가지므로 무관으로서는 핵심적인 존재였다. 또한 선전관은 장차 무반의 중추적 존재로 성장할 인재들이라는 점에서 무재(武才)가 뛰어나며 날쌔고 용감한 자를 뽑아 임명하고, 계속하여 무예와 병법을 연마받았다. 이러한 선전관에 임명되면 직위와 품계의 승진에 특전을 받게 된다.

선전관 출신의 승진과정을 보면 대개 육조(六曹)의 낭관(郞官)으로 발탁되었고, 외직으로는 변경 여러 고을의 판관(判官)이 된 뒤에 당상에 올라 참지·승지, 좌윤·우윤 등을 거쳐 병조판서로 임용되는 것이 하나의 코스였다. 그러나 이것도 조선시대의 다른 병폐와 같이 체직(遞職)이 심했으며, 경화(京華) 문벌 출신들의 경우 재주가 없어도 바로 등용되는 사례도 많았다. 더욱이 서북인들은 차별을 받아 선전관으로 나가는 자가 거의 없었다.

그중 안동김씨 상락군파가 바로 김방경의 후손인 구안동김씨이다. 이 같은 무관 벌족의 형성은 능력이 없어도 집안이 좋다는 이유만으로 등용되는 등 폐단이 없지는 않았지만, 구안동김씨는 조

● 1. 하나의 성씨 두 개의 가문 ●

김시민 진주성 전투로 유명한 임진왜란의 명장 충무공 김시민 장군 역시 구안동김씨였다.

선 중·후기의 유명한 무장들을 배출했다. 임진왜란의 명장, 김시민(金時敏)이 그 대표라 할 수 있다.

  임진왜란 당시 조선은 단 한 달 만에 수도를 함락당하고 함경도까지 점령되는 등 전 국토가 왜군에게 유린당했다. 그러나 오직 전라도 일대만이 왜군에 넘어가지 않았고, 조선은 호남평야의 곡창지대를 보존할 수 있었다. 이처럼 온전히 전라도를 지켜낼 수 있던 것은 두 장군의 공이었다. 충무공 이순신이 바다를 지켰다면 또 한 사람의 충무공 김시민은 육지를 사수해냈다. 충무공이라는 같은

27

시호 때문인지 김시민의 삶도 이순신과 비슷했다.

　김시민은 불의를 싫어하고 강단 있는 성격 탓에 한번은 군사에 관한 일로 병조판서에게 항의하다가 그의 면전에서 관을 벗어 땅에 짓밟고 사직서를 제출한 적도 있었다. 하지만 김시민은 임진왜란이 시작되자 전 조선군이 끝없이 궁지에 몰리는 와중에서도 사천·고성·진해·금산에서 벌어진 전투에서 왜군을 격퇴하고 선조의 피난 행렬에 왜장의 잘린 목을 보내 희망을 안겨주었다. 그가 정말 크게 활약한 것은 1차 진주성 전투에서였다. 전라도로 향하는 중요 길목인 진주성은 임진왜란의 주요 격전지였다. 1차 진주성 전투를 앞두고 대부분의 관리들은 달아나기 바빴다. 김시민은 왜군의 막강한 병사들에 비해 오합지졸이라 할 수 있는 3천8백 군사를 거느린 채 왜군과 맞서 싸웠다. 때로는 도망치려는 병사들을 군법으로 엄히 다스리고, 또 한편으로는 아내와 함께 술과 음식을 차려 배불리 병사들을 먹여가며 악전고투한 끝에, 조선군이 절대적으로 불리했던 진주성 전투에서 왜군은 무려 3만의 사상자를 내고 후퇴하게 된다. 이렇듯 승리를 눈앞에 두고 김시민은 순찰 도중 시체 속에 묻힌 채 죽지 않은 적병의 저격으로 전사하고 말았다. 명장의 안타까운 죽음이 아닐 수 없었다.

　김시민의 위명은 일본에 널리 퍼져 두려움의 대상이 되었고, 전쟁 중에 일본 장수들이 주고받았던 명령서와 서간에서도 그의 이름이 언급되었다. 가부키 같은 일본 전통극에서는 조선의 유명한 무장 모쿠소(木曾, 당시 진주목사였던 김시민을 가리킴)라는 인물로 지금까지도 공포의 대상으로 그려지고 있다. 이는 김시민이 임진왜란에서 얼마나 명성을 날렸는지를 알 수 있는 하나의 예다. 이후

● 1. 하나의 성씨 두 개의 가문 ●

진주성은 두 번째 전투에서 함락당하는데, 이때 왜군은 이미 죽고 없던 김시민의 가짜 시체를 만들어 도요토미 히데요시에게 바쳤을 정도로 김시민을 두려워했다고 전한다.

김응하(金應河) 역시 광해군 때 이름을 떨친 장군이다. 그의 별명은 유하장군이다. 버드나무 아래의 장군이라는 명칭은 굉장히 풍류적이지만 실상은 치열한 전투 속에서 붙여진 것이다.

명나라의 멸망을 앞둔 시점, 후금(後金)이 명나라 변경을 침입하는 등 세력을 확장하자 명나라는 후금을 치기 위해 조선에 원병을 요청했다. 조선 조정은 이때 새로 일어나는 후금을 의식하면서도 임진왜란 때 명나라가 원병을 보냈으므로 어쩔 수 없이 출병을 결

김응하 후금과의 전투에서 끝까지 투항하지 않고 싸워 명성을 떨친 유하장군 김응하의 초상.

김응하 묘정비 자신의 신념을 끝까지 관철시킨 김응하 역시 충무공의 시호를 받았다.

정한다. 광해군은 강홍립을 도원수로 삼아 1만 3천여 명의 군사를 보냈다. 이때 김응하는 좌영장(左營將)의 직위로 참여했다.

조선군은 명나라 제독 유정(劉綎)의 군대와 만주 관전(寬甸) 방면에서 합류하여 통자 강을 따라 노성(老城)으로 향했다. 이들 조명연합군은 일제히 공격을 시작하여 앞뒤로 적을 협공하기로 했으나 작전이 실패하여 오히려 후금에 크게 패배하였다. 강홍립은 적진에 전령을 보내어 '조선군의 출병이 부득이하여 이루어졌다'고

밝히고 남은 군사를 이끌고 후금군에 투항하였다. 이는 출정 전에 '형세를 보아 향배를 정하라'고 한 광해군의 밀명에 의한 것이었다. 광해군이 보낸 원병이라고 하면, 보통 광해군의 밀지를 받은 강홍립이 후금군에게 항복해버린 사실만을 기억한다. 그러나 실은 그 와중에도 격심한 전투가 벌어졌고 많은 사상자가 발생했다. 왕명으로 강홍립이 투항했다고 하지만, 그에 반발하여 후금군과 끝까지 싸웠던 사람들도 있다. 그중 하나가 김응하였다. 그러나 고작 3천의 휘하 병사로 6만의 청나라 정예병과 싸워 이길 수는 없는 노릇이었다.『우암집』에는 당시의 혈전을 다음과 같이 전하고 있다.

아군이 전멸하였으므로 공이 홀로 손에는 활을 들고 허리에는 칼을 차고 버드나무 밑에 기대어 활을 쏘았는데 화살이 하나도 빗나가지 않고 한꺼번에 여럿을 맞추니 적의 시체가 무더기를 이루었다. 이때 버드나무를 방패로 몸을 피했으나 화살을 수없이 맞았다. 하지만 두꺼운 갑옷을 입었으므로 뚫고 들어가지는 못했다. 화살이 다 떨어지자 칼로 적을 치며 돌진하여 적에게 투항한 강홍립을 크게 꾸짖었다. 칼마저 부러지자 빈주먹으로 육박하며 버티었는데 이때 한 적병이 뒤에 숨어들어 창을 던지니 맞아 쓰러졌다. 그는 꺾인 칼자루를 놓지 않고 노기가 충천하니 적이 서로 보며 감히 앞으로 나아가지 못했다.

김응하는 이 전투에서의 공적을 인정받아 1620년(광해군 12) 명나라 신종으로부터 요동백(遼東伯)으로 추봉되고 처자에게는 은(銀)이 하사되었다.

후일 청나라는 이 전투를 기록하면서, '버드나무 밑에 한 장수가 가장 용감하고 활을 잘 쏘았으니 조선에 만약 이런 무리가 두서너 사람만 더 있었다면 대적하지 못했을 것이다' 하였다. 그를 유하장군이라 일컫는 것은 이 때문이다.

비록 명나라는 망하고 조선은 청나라를 섬기게 되었지만 마지막까지 자신이 믿는 바를 지켰던 김응하는 철원의 포충사(褒忠祠)와 선천의 의열사(義烈祠)에 모셔졌다. 그의 시호 또한 충무공이었다. 두 사람의 충무공을 배출한 구안동김씨 가문은 조선의 대표적인 무반 가문으로서 그 입지를 확고히 할 수 있었다.

가문을 몰락시킨 김자점의 역모

김시민, 김응하 같은 일세의 명장을 비롯해 굵직한 인물을 배출하던 구안동김씨 가문에 결정적인 위기가 찾아왔다. 광해군이 왕위에서 쫓겨나고 인조가 즉위하게 된 인조반정에서 구안동김씨는 큰 역할을 담당하였다. 특히 김자점(金自點)은 반정에서 세운 공이 커서 정사공신(靖社功臣) 1등에 봉해졌다. 서인은 반정에 성공한 후 집권당이 되면서 공서파(功西派)와 청서파(淸西派)로 분파하게 되는데, 그는 공서파의 영수로서 청서파인 신안동김씨 김상헌(金尙憲)과 대립하였다. 본디 구안동김씨와 신안동김씨는 대대로 혼인을 맺을 정도로 가까운 사이였으나 이때부터 정적이 되어 조정을 둘로 가르며 서로를 공격하는 치열한 대립각을 세우게 되었다.

김자점은 인조 말에 우의정과 좌의정을 거쳐 영의정에까지 올랐다. 손자 세룡(世龍)이 인조의 딸 효명옹주와 혼인하자 왕실의 인척으로 조정의 실권을 잡고 최고의 세력을 구가하였으나 그만큼 비난도 많이 받았다.

『공사견문(公私見聞)』에는 그의 행실이 다음과 같이 기록되어 있다.

시골선비로 글 잘하는 사람에게 후한 뇌물을 주고 그의 아들 김익(金釴)의 글을 대신 짓게 하여 과거에 뽑히게 하고, 또 그의 손자 김세룡을 인조의 후궁 조귀인의 소생인 효명옹주에게 장가들이기 위해 점쟁이를 유인, 협박하여 거짓으로 그의 사주가 좋다고 칭찬하게 해서 임금을 속여 왕가와 혼인을 맺으니 그 기세 앞에는 억누르면 꺾이지 않는 것이 없었다.

당시 조정은 김자점의 세도에 붙은 낙당(洛黨, 낙흥부원군 김자점파)과 이에 저항하는 원당(元黨, 원평부원군 원두표파)으로 양분되어 있었다. 낙당과 원당이 대립하게 된 데는 김자점이 지나친 세도를 부렸다는 점도 이유로 작용했지만 김자점이 역관 정명수(鄭命壽) 무리와 청나라 사신 등과 결탁하여 청나라의 후원을 받고 권세를 누렸다는 이유도 컸다. 김자점은 비운의 세자 소현세자의 죽음과 그의 아내였던 세자빈 강씨의 비참한 죽음에도 깊이 관여했다는 의혹을 받고 있었다. 그러나 그가 가장 비난을 받은 이유는 정묘호란과 병자호란에 크게 활약했던 임경업 장군을 잔인하게 고문하여 죽음으로 몰아넣었기 때문이다.

그러나 이런 김자점의 끝없는 권세와 악행도 끝을 보게 되었으니, 그의 유일한 후원자였던 인조의 죽음과 효종의 즉위가 그 계기였다.

반청주의의 거두인 김상헌과 산림세력인 김집·송시열·송준길 등은 김자점의 죄상을 밝혀 처벌할 것을 주장했다. 청나라에 깊은 원한을 가지고 있던 효종은 김자점의 관직을 박탈하고 홍천으로 유배를 보낸다. 이에 앙심을 품은 김자점은 낙당을 사주하여 '김상헌과 김집은 청국을 배척하는 자들의 괴수로서 조정의 세력을 한 손에 잡고 있으며, 장차 새 왕이 청나라를 치려한다'고 청나라에 고발하고, 그 증거로 청나라 황제의 연호를 쓰지 않은 인조의 묘소인 장릉(長陵) 묘지문(墓誌文)을 청나라로 보냈다. 이 무고로 청나라와 다시 전쟁이 벌어질 뻔하고 굴욕적인 청신사문(淸臣査問)이 벌어지게 되었으나 이경석·이시백·원두표 등의 노력으로 간신히 무마되어 전쟁을 피할 수 있었다. 이후 김자점은 광양으로 유배되었다.

1651년(효종 2) 손부(孫婦)인 효명옹주의 저주사건이 문제되고, 아들 김익이 수어청 군사와 수원군대를 동원하여 원당파를 제거하고 숭선군(崇善君)을 추대하려 했다는 역모가 드러났다. 이로써 김자점은 아들, 손자와 함께 처형을 당하고 재산은 몰수되었다. 이른바 김자점의 옥사다. 이렇게 일세를 풍미했던 김자점의 일생은 역모로 끝이 나고 만다. 이후로 구안동김씨의 가세는 크게 꺾이게 된다.

대한민국 임시정부 주석으로 독립운동을 이끌었던 백범 김구 선생 역시 구안동김씨였는데, 그는 『백범일지』를 통해 자신의 집안이 고려 때부터 명가였지만 김자점의 역모 이후로 크게 몰락하여 화를 피하기 위해 양반의 행색을 감추고 상놈 행세를 하게 되었다고 기록하고 있다.

> 우리는 안동김씨 경순왕의 자손이다. (중략) 경순왕의 8세손이 충렬공(忠烈公), 충렬공의 현손이 익원공인데 이 어른이 우리 파의 시조요, 나는 익원공에서 21대 손이다. 충렬공·익원공은 다 고려조의 공신이었거니와 조선에 들어와서도 우리 조상은 대대로 서울에 살아 글과 벼슬로 가업을 삼고 있었다. 그러다가 우리 방조 김자점이 역적으로 몰려 멸문지화를 당하게 되매 내게 11대조 되시는 어른이 처자를 끌고 서울을 도망하여 일시 고향에 망명하시더니 그곳도 서울에서 가까워 안전하지 못하므로 해주 부중에서 서쪽으로 80리 백운방 텃골 팔봉산 양가봉 밑에 숨을 자리를 구하시게 되었다. (중략) 그때에 우리 집이 멸문지화를 피하는 길이 오직 하나뿐이었으니 그것은 양반의 행색을 감추고 상놈 행세를 하는 일이었다.

신안동김씨의 시조, 김선평

구안동김씨나 신안동김씨나 모두 안동이라는 땅에 뿌리를 두고 있다. 안동에는 이미 박혁거세 원년에 창녕국(昌寧國)이 세워져 있었다. 이름에 국(國)자가 붙어 있긴 하지만, 구령국(驅令國), 소라국(召羅國)도 지금의 안동 지역에 있었으니 사실은 무척 작은 나라였다고 생각된다. 실제로 신라 경덕왕 시대에 이 지역이 고타야군에서 고창군으로 이름이 바뀌었다는 기록이 있으니, 훨씬 이전에

안동김씨 시조 단소 안동김씨 시조의 제단이 마련된 단소의 전경.

신라의 영토로서 군(郡)이 설치되어 있었을 것이다. 신안동김씨의 시조 김선평은 신라 말 경애왕 때 고창군의 성주(城主)였다.

이때 신라의 국력은 쇠약해져 있었고, 후고구려·후백제 등의 새로운 나라들이 세워져 대립하는 극심한 혼란기였다. 고창군, 지금의 안동이 역사적인 무대로 떠오른 것도 이때였다. 후백제의 견훤은 경애왕을 살해하고, 신라의 마지막 왕 경순왕을 즉위시킨 뒤 고려의 군대마저 공산(公山)에서 퇴패시켜 한동안 기세가 등등했다. 하지만 경순왕이 즉위한 지 4년째인 930년, 고려 태조 왕건은 직접 군사를 거느리고 고창군에서 후백제와 충돌했다. 결과는 고려의 압도적인 승리였다. 후백제군은 고려와 맞서 싸우다 8천여 명의 사상자를 내는 큰 패배를 당했고, 신라의 주(州)·군(郡)·부락(部落) 100여 개가 한꺼번에 고려에게 항복했다. 이 전투는 이제까지 후백제 일변도의 판도를 뒤엎고, 고려의 운명을 결정한 역사적인 계기가 되었다.

이렇듯 중요한 고창군 전투에서 역사상 최초로 신안동김씨가 활약했다. 앞서 말했던 대로 고창군의 성주였던 김선평은 권행(權行, 그는 본래 김씨였으나, 고려 태조가 특별히 권씨 성을 하사했다), 장길(張吉)과 함께 병사들을 모아 고려 태조를 도와 후백제와 싸웠다. 전쟁이 끝난 뒤 그 공훈을 인정받아 고려 태조는 김선평을 대광(大匡)으로, 권행과 장길을 대상(大相)으로 삼고 고창군을 군에서 한 단계 높은 단계인 안동부(安東府)로 승격시켰다. 이 내용은 『고려사』는 물론, 『신증동국여지승람』에도 기술되어 있다.

특히 고려 태조 왕건은 김선평을 아부공신(亞父公臣)으로 임명했는데, 아부란 아버지에 버금간다는 뜻이니 각별한 존경의 뜻을 담고 있다. 고창 전투에서 이들이 어떤 활약을 했는지에 대한 자세한 기록은 『고려사』에도 기재되어 있지 않다. 아마도 고창군 일대의 사정에 밝은 김선평을 비롯한 세 공신들이 왕건의 편을 들었던 것은 많은 도움이 되었을 것이고, 왕건이 포상한 것 역시 고창에서 이기는 데 이들의 도움이 상당히 컸기 때문일 것이다.

그렇다면 왜 신라의 성주였던 김선평이 왕건 편에 섰던 것일까. 『동사강목』에는 김행(권행)이 "견훤이 우리 왕(경애왕)을 죽였으니 왕공(王公, 왕건)에게 투항하여 이 치욕을 씻자"라고 주장하여 투항을 결정했다고 되어 있다. 왕의 복수를 하고 싶어도 신라의 힘이 약하니 고려의 힘을 빌리자는 뜻이었다. 그만큼 이미 신라는 무너져가는 나라였다. 어쨌든 고창 전투 즈음하여 김선평은 고려 태조 왕건에게 복속하고 그 밑으로 귀속했던 것으로 보인다.

삼태사묘 신안동김씨, 안동권씨, 안동장씨의 시조인 김선평, 권행, 장길을 모셨다.

　신라의 관제상 군의 책임자는 태수이지만 『고려사』에서는 김선평의 직위를 태수가 아닌 성주(城主)라고 적고 있다. 신라 하대 때 지방의 귀족들은 스스로 성주 혹은 장군을 자칭하면서 독자적인 세력이 되었다. 아마 김선평도 안동 일대에 자리 잡고 있던 독립세력이었을 것이다.

　여기서 재미있는 것은 김선평과 권행, 장길 세 사람이 모두 한 성씨의 시조가 되었다는 사실이다. 그들의 후손이 각각 신안동김씨, 안동권씨, 안동장씨가 되었고 지금도 안동시 북문동에는 이들

1. 하나의 성씨 두 개의 가문

세 사람의 선조, 삼태사를 모신 태사묘가 있다.

죽은 사람은 무덤에 묻히고 산 사람에게도 잊히기 마련이다. 죽은 사람의 가족이 살아 있을 때는 그래도 찾아오는 이가 있고 묘도 돌보아지지만 가족들마저 죽고 나면 그곳이 무덤이라는 사실 자체도 쉽게 잊혀지고 만다. 수백 년, 혹은 천년이 지나도록 그 사람이 묻힌 곳이 분명한 이들은 한 왕조의 왕이나 그에 버금가는 인물들 정도다.

안동김씨의 시조 김선평의 묘소는 현재 그 위치가 불명확하다. 아무래도 시간이 오래 지난 탓일 것이다. 안동김씨의 세보에는 선조의 묘소가 유실된 것이 임진왜란 이후 문서가 불탔기 때문이라 설명하고 있다. 김선평과 그나마 분명한 조상인 김습돈의 사이에 몇 대가 있고 어떤 벼슬을 했는지도 불명확하며, 물론 그들의 묘소 위치도 알 수 없다. 초기 안동김씨가 어떤 상황에 있었는지는 알 수 없지만 아마 세보를 명확하게 전하기 어려운 지경에 있지 않았나 추정된다. 사실 한국에서 시조 이후로 현재에 이르기까지의 세보가 완벽하게 구비된 족보는 없다고 해도 과언이 아니다. 현존하는 가장 오래된 족보를 구비한 안동권씨의 시조묘도 근 500~600년 가까이 유실되었다가 조선 중기 권옹(權雍)이 찾아냈던 것이다. 조선시대 이후 안동김씨의 가세가 일어난 뒤, 후손들이 시조 김선평의 묘소를 찾기 위해 여러 차례 시도했으나 결국 실패하고 말았다.

가장 먼저 시조의 묘를 찾아보려 했던 이는 김상헌이었다. 그는 벼슬을 버리고 안동에 은거하는 와중 묘소를 찾으려 애썼으나 소용없었다고 한다. 이후로도 후손들이 태장리 일대를 샅샅이 뒤지며 오래된 무덤이 있으면 증거가 될 만한 묘지석을 찾는 일을 거듭 했지만 끝내 이렇다 할 수확이 없었다. 이에 대한 자세한 내용은 「태장설단입비 사적비(台庄設壇立碑 事蹟記)」에 기록되어 있다.

그렇다면 시조 김선평의 묘소는 과연 어디에 있을까? 안동김씨의 족보에는 아무 기록이 없다. 다만, 안동권씨의 후손인 권기(權紀)가 선조 때 지은 책인 안동부의 『영가지(永嘉誌)』에서는 김선평의 무덤이 안동군 서후면 태장 유점촌의 자좌우향(子坐午向)의 산언덕에 있다고 기록하고 있고, 이게 그의 묘소에 대한 유일무이한 기록이다. 안동김씨의 후손들은 삼태사묘의 위패 위치에서 묘소의 위치를 찾아보려고도 한 모양이다.

그런 와중에 벌어진 것이 신씨(申氏)의 사건이었다. 1666년(병오년), 안동김씨 종문은 시조의 묘를 찾기 위해 안동 일대의 각종 소문들을 모으고 있었다. 그러던 중 태장 유점촌에 오래된 무덤 셋이 있었는데 신세윤(申世胤)이라는 양반이 이를 파내고 남몰래 자기 부모를 묻었다는 말을 들었다.

안동김씨 종중의 사람들이 그 옛 무덤이 있었다는 장소를 찾아보니 산세가 천하의 명당이었다. 당시 시조의 묘소를 찾던 사람들은 이곳이 기록과 맞기에 시조의 묘소였던 곳이라 단언했다. 사실 그 무덤이 김선평의 묘소라는 확실한 증거는 없었다. 그러나 안동김씨 문중은 이곳이 시조의 묘소라는 단정을 내리고 서울의 일가에게 통지했다. 이에 영의정 김수항의 서동생 김수응(金壽應)이 파견되었고, 대사간의 벼슬을 하고 있던 김창집(金昌集)도 안동으로 찾아와 이 문제를 관가에 올렸다.

그런데 무덤을 옮겨 묻었다는 신세윤은 이미 죽었고, 그 아들인

태장설단입비 사적비 안동김씨 시조 김선평의 단소 입구에 있는 사적비.

신도원(申道源), 신달원(申達源)이 살아 있을 뿐이었다. 관아는 이들을 잡아 가두는 한편 종 태복(太卜)을 엄하게 심문했다. 결국 풍수인 이두년(李斗年)과 신도원의 매부 남천우(南天佑)마저 관련자로 밝혀져 체포, 심문을 받았다. 그러나 당사자는 실토를 하지 않았고, 태복만이 옛 무덤의 시신을 파낸 적이 있었다고 증언했을 뿐이다. 그렇지만 그 옛 무덤들이 김선평의 무덤이라는 것을 입증할 만한 증거가 없었다. 무엇보다도 범인이었어야 할 신세윤은 이미 죽은 지 오래라 법적으로 처벌이 불가능한 상황이었다. 결국 혐의자들은 관아에 감금되었고, 신세윤 부모의 무덤은 의성현령의 명령으로 이장되었다. 그리고 이전 옛 무덤의 시신들 역시 관과 널을 마련하여 본래 자리에 안장한 뒤 제사를 지냈다.

한편 「신도비명(神道碑銘)」에서는 사실 이 일대가 신씨들이 대대로 무덤으로 쓰던 장소, 곧 선산이었다고 기재하고 있다. 그중 한 무덤의 10여 보 뒤에 옛 무덤이 두 기 (혹은 세 기) 있어 이것을 파내었다는 것이다. 자세한 정황은 알 수 없지만 파내기 전의 옛 무덤은 돌로 만든 섬돌〔階〕이 있었다고 하니 꽤 큰 무덤으로 추정되었고, 또 지석이 나왔지만 그걸 신씨들이 숨겼다고도 한다. 사정이 어찌 되었든 파내어졌다는 소문의 지석은 확인할 도리가 없고, 사건은 흐지부지 끝나버렸다.

그러나 처벌은 가볍지 않았다. 신도원은 부모의 죄를 자식에게 연좌시키지 않는 법 덕분에 풀려났지만 직접 관련이 있었던 이두 년은 귀양 보내졌다. 그렇다고 이전 무덤이 김선평의 본래 묘소로 입증된 것도 아니었다. 결국 주인을 알 수 없는 오래된 무덤 때문에 많은 사람이 피해를 입고 고초를 겪은 셈인데, 이는 잃어버린 시조의 묘를 찾으려는 가문 사람들의 집념도 있겠지만 조상과 선조를 좋은 곳에 모셔야만 한다는 선비들의 강박관념과 풍수지리를 맹신하는 병폐가 초래한 결과는 아닐까 싶다.

신라 말, 고려 초에도 풍수사상이 유행한 것은 사실이었으나 조상의 묘소를 찾는 데 지친 안동김씨 후손들이 이러한 사건을 만들었을지도 모른다. 그만큼 시조의 묘를 찾아내려는 마음 역시 강했다고 할 수 있으리라. 하지만 결국 이렇게 소동을 벌이고도 김선평의 묘지는 찾지 못했다. 따라서 자손들은 묘단을 지음으로써 잃어버린 묘를 대신하고자 했다. 그것이 시조 태사공 묘단으로, 지금 안동에서 수십 리 떨어진 서북쪽에 만들어졌다.

●1. 하나의 성씨 두 개의 가문●

서울로 간 안동김씨

신안동김씨의 가계는 조선 중기 이전까지는 별다른 인물을 배출하지 못했지만 지역의 향반으로 계속 명맥을 이어가면서 양반으로서 정체성을 지니고 있었을 것이다. 조선 중기 이후 갑자기 나타나 조선을 대표하는 명문가로까지 발돋움한 안동김씨의 저력은 무엇이었을까. 여기에는 고려 말에 전래된 이후 조선시대 때 발달했던 성리학이 중요하게 작용했다.

고려 말 한반도로 전해졌고 조선시대에 특색 있게 발전해나간 것이 성리학이다. 이 같은 학문은 단순히 지식뿐 아니라, 조선시대 사대부들의 생활과 정신을 지배했다. 선비들은 스승과 제자의 학연을 통해 가르침을 받았다. 스승은 임금이나 아버지만큼이나 중요했으며, 일생을 결정하는 계기였다.

조선시대 성리학의 발달과 사림의 대두는, 산림정치(山林政治)라는 특이한 정치 형태를 만들어냈다. 조선시대의 재야지식인을 산림이라 하는데, 비록 벼슬을 하지 않고 초야에 묻혀 있어도 왕과 관리들은 그 사람의 지식과 학식을 존경하며 그의 말에 귀를 기울였다. 유교사회의 상징적인 존재로서 산림은 특히 17세기에 이르러 큰 역할을 담당했는데 당시의 대표적인 산림으로는 김장생(金長生)·김집(金集)·송시열(宋時烈)·송준길(宋浚吉)·윤휴(尹鑴) 등을 들 수 있다.

이들은 유림을 대표하면서 국왕에게는 숭명사상·북벌론 등 정국의 안정과 유지를 위한 명분과 실리를 제공해주었으므로 그 대우가 극진했다. 또한 각 당의 영수로 활약하면서 강한 학연을 바탕

43

묵계서원 묵계서원은 신안동김씨 중흥의 기점을 마련한 김계행을 봉향한다.

으로 세력을 결집할 수 있었다.

조선조의 양반들은 자식이 태어나면 훌륭한 스승에게서 가르침을 받도록 했는데, 그 스승들이란 대부분 벼슬을 하지 않고 시골에 묻혀 사는 산림학자였다. 이러한 지방의 학자들은 학문을 연마하고 제자를 가르치는 한편, 때로는 국가 정책에 자문을 주는 등 재야의 학자로서 막강한 영향력을 행사했다. 특히 이들이 키운 제자들이 과거를 통해 벼슬자리에 오름으로써 학계는 물론 정치에까지도 인간관계가 복잡하게 얽힐 수밖에 없었다. 이런 인연들은 다양한 학풍의 성립과 학문의 발전에 기여하기도 했지만 동시에 당파와 대립의 씨앗이 되기도 했다. 조선 중기에 벌어졌던 여러 차례의 사화들은 이 같은 선비들의 대립이 초래한 가장 끔찍한 참화였다.

영조와 정조시대에 들어와 산림학자의 후배나 제자, 혹은 후손으로 관리 생활을 하면서 한성(지금의 서울)을 기반으로 한 관료 겸 학자로 자리를 굳히는 이들이 있었는데, 이들을 경화사족(京華士族)이라 한다. 신안동김씨의 발전은 그들의 터전인 안동을 떠나 한성으로 올라오면서 시작된다.

신안동김씨 가문이 점차 역사에서 그 모습을 드러내게 된 것은 김상용(金尙容)과 김상헌의 8대조 김득우로부터 시작된다. 그는 종3품 벼슬인 전농시(典農寺)의 정(正)을 지냈다. 그의 손자 비안공(比安公) 김삼근은 1419년(세종 1) 사마시에 합격해서 신안동김씨 최초의 생원합격자가 되었으며, 풍산 소산마을로 이주하여 안동김씨 중 중요한 파벌인 소산김씨(素山金氏)의 근원이 되었다.

이후 김삼근의 둘째 아들 김계행(金係行)이 1480년(성종 11) 가문 역사상 최초로 문과에 합격했고, 대사간 벼슬에까지 올랐다. 이때가 바로 신안동김씨가 중흥하게 되는 기점으로, 이후 안동김씨는 차츰 벼슬자리에 진출하게 된다. 계행의 종손이 김영(金瑛)과 김번(金璠)이다. 이들은 모두 문과에 급제했고, 삶의 터전을 서울로 옮겨 김영은 청풍계(靑楓溪), 김번은 장의동(壯義洞)에 기거했다. 장의동은 훗날 장동이라고 약칭되게 되며, 이곳이 서울의 안동김씨(장동김씨)의 터전이 되었다. 장동 일대는 청풍계(靑楓溪), 옥류동(玉流洞), 백운동(白雲洞) 등 수려한 경관이 많은지라 선비들이 살기에 이보다 더 좋은 곳은 없었다. 청풍계는 특히 조선 후기 문인들이 계를 벌이는 곳으로 유명한 명소였으며, 안동김씨들은 이곳에서 종회를 개최하곤 했다.

김번의 손자가 글씨에 뛰어나다고 이름난 김극효(金克孝)였고, 그의 아들들이 김상용과 김상헌 형제이다. 아직까지는 미미하던 안동김씨의 가문이 크게 드러나게 된 것은 선원 김상용과 청음 김상헌의 공이 컸다. 그들 형제가 역사에 이름을 남긴 것은 치적이나 높은 벼슬자리 때문만이 아니라 병자호란 때문이었다. 임진왜란으로 7년간의 전란을 겪은 조선은 인구가 급감하고 토지가 못쓰게 되어 세수가 줄어드는 등 심각한 후유증에 시달렸다. 그것을 치유하기도 전에 또 한번의 전쟁을 겪게 되었으니 바로 병자호란이다. 파란만장한 신안동김씨의 역사가 본격적으로 시작되는 것은 이 시점이다.

제2장

떠오르는 명문가

🉁 형제는 용감했다, 김상용과 김상헌

수백 년간 살아왔던 고향 안동을 떠나 서울 장의동에 새로운 둥지를 틀면서 안동김씨는 새로운 시대를 맞게 된다. 조선시대를 통틀어 열다섯 명의 정승, 서른다섯 명의 판서, 여섯 명의 대제학, 세 명의 왕비를 배출했던 안동김씨의 역사는 하루아침에 시작된 것도 아니고, 단순한 우연에 의해 이루어진 것도 아니다(이후 안동김씨는 신안동김씨를 의미한다). 그러나 아직까지 그들은 한성과 궁궐을 가득 메우고 있는 많은 양반 가문들 중 하나에 불과했으며, 별다른 두각을 나타내지는 못했다.

그러다 김번의 아들 생해(生海)가 성종의 아들 경명군(景明君) 이침(李忱)의 사위가 됨으로써 가문의 위상을 높이는 데 크게 기여했다. 당시의 실록에 따르면 김번은 큰아버지인 학조국사의 양자가 되어 재산을 물려받았으며, 그의 아들 생해는 왕실을 배경으로 관직에 임명되었다는 세평이 있었다고 한다. 사실이 어찌되었든 이 당시 장동에 머무르게 된 안동김씨들은 이미 상당한 재력을 갖추고 있던 것으로 보인다. 안동김씨들은 김번의 손자에서 증손 대에 이르면서 가세가 크게 번창하였고, 주거지 역시 장동·청풍계·창의동 일대로 확산되었다.

김번이 서울에 올라온 뒤 안동김씨 가문에서 배출된 인물 중 김상용·김상헌 형제가 가장 현달하여 흔히 이들을 '2상(二尙)'이라 불렀다. 김상용과 김상헌은 혈통상으로는 김극효의 아들로 친형제였으나 김상헌이 백부 김대효의 양자로 가게 되어 계보상으로는 4촌 간이 된다. 이들 형제는 좌의정까지 지낸 정유길의 외손이라는 사회적 배경과 자신들의 학문적 역량을 바탕으로 당대 정치·문화계에 두각을 나타내기 시작하였다.

김상용과 김상헌이 활약하던 당시는 이미 당파싸움이 불거진 시기였고, 안동김씨들은 서인 일파에 속했다. 당파싸움은 물론 임진왜란은 조선을 난장판으로 만들었다. 이런 와중에 김상용은 1590년(선조 23)에, 김상헌은 6년 뒤인 1596년 문과에 급제하면서 벼슬길에 올랐다. 벼슬길은 순조로웠는데 광해군 때 인목대비 폐모론에 반대하여 벼슬을 버리고 은거한 것 정도만이 특기할 만했다. 그저 평범한 벼슬아치로서의 삶을 버리고 역사 속에 그들의 이름 세 글자를 남기게 된 계기는 바로 병자호란이었다.

강화도 함락과 김상용

김상용은 율곡 이이와 우계 성혼의 문인으로 1590년(선조 23) 문과에 급제하면서 벼슬길에 올랐다. 10년이 되지 않아 당상관인 승지에 오르는 등 그의 관직생활은 탄탄대로였다. 광해군 때 폐모론의 반대를 고수하면서 한동안 원주로 내려가 우거하기도 하였으나 인조반정으로 서인이 집권하자 중용되어 병조·예조·이조의 판서를 거쳐 정승에 이르렀다.

동생 김상헌에 비하면, 형 김상용은 그렇게 잘 알려져 있지 않다. 하지만 형도 동생 못지않게 강직하고 고고한 인물이었다. 김상용을 평한 글들은 그가 몸가짐이 단정하고, 강단이 있고 강직해서 할 말을 다 했으며, 위엄이 있었다고 전한다. 인목대비가 폐서인이

김상용 병자호란 당시 왕족을 시종하던 김상용은 강화도가 함락되자 화약에 불을 질러 순절하고 만다.

되자 벼슬을 버리고 7년 동안이나 활쏘기만 하며 지낼 정도로 고집 센 인물이었다.

병자호란 당시 김상용은 원로대신이자 유도재신(留都宰臣)의 자리에 있었다. 그는 어고(御庫)와 병조·호조·태창(太倉)·선혜청(宣惠廳)·경영(京營)에 불을 지르게 했다. 적군의 손에 들어가느니 태워버리는 게 낫겠다는 생각에서였다. 이로써 나라의 곡식 천여 석이 재로 변해버렸다. 이렇게 급할 수밖에 없었던 이유는 청나라 군대가 압록강을 넘은 지 겨우 5~6일 만에 도성에 육박해왔기 때문이다. 전쟁 준비는커녕 피난을 준비할 틈도 없었다. 김상용은 조정의 명에 따라 종묘사직의 신주와 빈궁 강씨와 원손, 즉 훗날의 소현세자의 아들과 훗날의 효종이 되는 봉림대군, 그리고 인평대군을 모시고 급히 강화도로 피난했다. 김상용은 이미 임진왜란 때 강화도로 피난 간 적이 있었고, 그곳의 지명 선원(仙源)을 호로 삼았을 정도였으니 그곳 물정에 밝았다. 신하들도 대부분 자신들의 가족을 강화도로 급히 보냈다. 하지만 어느새 당도한 청나라 군대가 강화도로 가는 길목을 끊어 길이 막힌 인조와 신하들은 남한산성으로 피난갈 수밖에 없었다.

그러나 강화도는 금세 함락되고 만다. 1637년(인조 15) 1월 22일, 청나라 군대가 공격을 개시한 지 단 하루 만에 강화도는 함락됐고, 수많은 사람들이 죽었다. 남한산성에 있는 사람들에게 강화도가 무너졌다는 소식은 믿을 수 없는 것이었다. 아니, 믿고 싶지 않은 소식이었다. 이렇게 추운 날씨에 얼음바다를 건널 수 없으니 청나라가 거짓말을 한다는 주장도 있었다. 하지만 청나라가 강화도에서 사로잡은 대군들의 친필 편지를 보이니 믿을 수밖에 없었다. 아버지인 인조는 아들의 글씨를 알아보았고, 신하들은 통곡했다. 이제 모든 희망이 사라진 것이다.

그렇다면 함락 당시 강화도는 어떠했을까. 당시 강화도를 담당했던 이는 김경징(金慶徵)이었다. 본래 그는 인조반정 덕에 출세했는데, 영의정이었던 김류(金瑬)의 아들이기도 했다. 그가 강화도에서 벌였던 온갖 악행들은 무수히 전해지고 있다. 아버지의 권세를 믿고 주색에 빠졌으며, 가까운 사람의 편의를 보아주는 데만 혈안이 되어 세자빈마저 괄시했다고 한다. 보다 못한 김상용이 그를 꾸짖었으나 오히려 김경징은 자리를 박차고 '나는 모른다, 나는 모른다'라고 외치며 도장을 내던지기까지 했다고 한다.

물론, 전쟁에 진 장군이기에 김경징이 억울하게 누명을 쓴 것인지도 모른다. 그러나 분명한 것은 청나라 군대가 공격했을 때 강화도의 지휘체계가 엉망이었다는 사실이다. 화약은 젖어서 총을 쏠 수 없었고 병사들은 제대로 된 무기를 지급받지 못해 맨손으로 싸워야 했다.

청나라 군대는 1636년 12월 30일 강화도 건너편 언덕 일대에서 군사 1만 6천 명을 포진시키고 강화도를 공략할 준비를 서둘렀다. 청국군은 정묘호란 때와는 달리 이미 수전(水戰)에도 충실히 대비하고 있었다. 명나라에서 투항한 수전에 익숙한 한족(漢族) 군사가 합세했으며 홍이포(紅夷砲) 등 무기도 많이 보유하고 있었다. 그들은 강화도를 공격하기 이틀 전, 한강 하류의 선박들을 모아 수리하고, 민가를 헐어 수백 척의 배와 뗏목, 수레를 만들었다. 그러고는 배와 뗏목을 강화도와 육지 사이의 염하(鹽河)로 나른 뒤, 1월 22일 새벽 도하(渡河)를 시작했다.

먼저 섬을 향해 홍이포를 쏘았다. 포환은 강을 넘어 섬 안으로 무수히 떨어졌다. 하지만 검찰사 김경징과 부검찰사 이민구는 겁에 질려 우왕좌왕했고, 주사대장(舟師大將) 장신은 해전을 벌이다 말고 달아나버렸다. 수비군은 변변한 저항 한번 못해본 채 무너져 내렸다. 이제 거칠 것이 없어진 청군이 바다를 뒤덮듯 몰려오자 김경징과 이민구는 말을 버리고 물로 뛰어든 후 나룻배를 타고 달아나버렸다. 김경징과 장신 등 지휘관들은 병사들을 독려하기는커녕, 자기 몸 보전하기에 급급해 도망가기 바빴던 것이다. 처참히 죽어가는 병사들과 백성들을 내버려 둔 채 말이다.
  지휘관이 사라진 강화도는 혼란상태에 빠졌고, 제대로 저항조차 하지 못하고 점령당했다. 소현세자의 부인 세자빈 강씨는 내관에게 원손을 피신시키게 하고 자신은 자결하려 하였으나 미수에 그치고 말았다. 어떤 신하는 하인으로 변장해 숨기도 했고, 겁에 질려 달아나는 이도 있었다. 조선 역대 왕들의 위패는 그것을 지키던 병사들의 손에 의해 개천에 내팽개쳐졌다. 함락의 그날, 강화도에서 벌어졌던 살육의 기록은 처참했다.
  일찍이 김경징을 검찰사에 임명할 때 인조가 그 아버지인 체찰사(體察使) 김류에게 물은 적이 있다.

"경의 아들이 이 임무를 능히 감당할 수 있겠느냐?"
하니, 김류는
"경징이 다른 재능은 없사오나 적을 막고 성을 지키는 일에는 어찌 그 마음을 다하지 아니하오리까."
하고 대답하였다.

정실(情實)에 얽매인 인사(人事)가 낳은 인재(人災)라 해야 할까? 김경징에 대한 비난의 소리를 『연려실기술』을 통해 들어보자.

  경징이 강화도에 들어갈 때 그의 어머니와 아내를 각각 덮개 있는 가마에 태우고 계집 종에게는 전모(氈帽)를 씌웠으며, 말등에 실은 짐은 50여 바리나 되었으니 경기도의 인부와 말이 여기에 거의 다 동원되었다.

또한 경징이 배를 모아 그의 가속과 절친한 친구를 먼저 건너가게 하고 다른 사람들은 함께 건너지 못하게 하였으므로 사족남녀(士族男女)가 수십 리나 뻗쳐 있었으며 심지어 세자빈의 일행이 나루에 도착하여도 배가 없어서 건너지 못하고 이틀 동안이나 밤낮을 굶주리며 떨었다. 세자빈은 가마 안에서 성난 소리로, "김경징아, 김경징아. 네가 차마 나에게 이렇게 하느냐" 하였다. 이것을 장신이 듣고 경징에게 말하여 비로소 배로 건너도록 하였다. 그때 사녀(士女)들이 온 언덕과 들에 퍼져서 구해달라고 울부짖다가 적군이 갑자기 들이닥치니 순식간에 거의 다 차이고 밟히어 혹은 끌려가고 혹은 바닷물에 빠져 죽고 하여 바람에 휘날리는 낙엽과 같았으니 그 참혹한 형상은 차마 말할 수가 없었다.

김경징은 대체로 이와 같은 무도막심한 위인이었다. 그러나 이와 반대로 김류의 아내이자 김경징의 어머니인 유씨(柳氏), 경징의 아내 박씨, 경징의 아들 진표(震標)의 아내 정씨, 김류의 첩 신씨, 경징의 첩 권씨는 모두 같은 날에 목을 매어 죽었다. 경징의 아들 진표가 이들에게 '죽지 않으면 욕을 볼 것입니다' 하며 자진할 것을 강박했기 때문이다. 결국 김류 가문의 부녀자 3대가 강화도에 남아 자결을 택한 반면 경징과 진표는 어머니와 아내를 모두 죽게 하고 달아난 것이다.

강화도 함락의 순간, 김상용은 자신의 죽음을 준비했다. 그의 나이는 이미 77세였다. 하지만 그렇다고 해서 삶에 대한 집착이 덜하지는 않았을 것이다. 어째서 도망가지 않느냐고 묻는 사람들도 있었다.

● 2. 떠오르는 명문가 ●

강화성 남문 김상용의 충절이 서린 강화성 남문의 현재 모습.

나는 대신이니 다만 죽음이 있을 뿐이다. 어찌 구차스럽게 살려고 하겠는가.

훗날을 기약하기 위해서라며 달아나거나 도망쳐서 목숨을 부지한 대신들은 많았다. 하지만 김상용은 남은 가족들과 작별인사를 하고, 옷을 벗어 하인에게 주었다. 만약 '네가 살아난다면 이 옷을 내 자식들에게 주어 허장(虛葬)이나 하라'고 한 뒤 떠났다. 김상용이 죽을 장소로 정한 곳은 강화도 남문에 있는 화약고였다. 화약을

강화 충렬사 강화성이 폭파된 뒤 김상용의 신발이 발견된 강화도의 선원면 선행리에 세워진 충렬사. 함께 순절했던 이들의 넋을 기리는 제향 행사가 매년 10월 열린다.

가득 담은 궤에 걸터앉은 채, 김상용은 시자(侍者)를 불렀다.

가슴이 답답하여 담배가 피우고 싶구나. 불을 가져오너라.

설령 그 자리에 있는 사람이 백치라 해도, 그것이 무엇을 뜻하는지 알아차렸을 것이다. 게다가 평소 김상용은 담배를 피우지도 않았다. 하지만 김상용은 끝내 담뱃불을 얻어냈고, 곁에 있던 사람들에게 손짓을 했다. 어서 이 자리를 떠나라는 뜻이었다. 그런데 오히려 다가가는 사람들이 있었다.

상공께서는 혼자 좋은 일을 하려 하십니까?

별좌 권순장(權順長)과 생원 김익겸(金益兼)이었다. 그들은 본디 남문을 지키는 임무를 맡고 있었다. 김상용은 이들을 말렸다. 특히나 김익겸은 만삭의 아내를 두고 있던 터였다(이때 만삭이었던 김익겸의 아내가 낳은 아이가 훗날『구운몽』을 쓴 서포 김만중이다). 김상용의 만류에도 두 사람은 끝끝내 자리를 떠나지 않았다.

마침내 불을 지르려던 김상용의 눈에 그의 어린 손자가 들어왔다. 서손(庶孫)으로 이름은 수전이었고, 이제 열세 살이었다. 아무리 함락 직전의 강화도가 난리통이라고는 하나 화약고 같은 위험한 곳에 아이가 혼자 올 리는 없었다. 아마도 할아버지의 뒤를 따라온 게 아니었을까. 적서의 차별이 심한 시절이었다고는 하나 그래도 피붙이이고 살 날이 많이 남은 어린아이였다. 김상용은 종에게 아이를 데려가라고 했다. 하지만 아이는 눈물을 흘리면서 할아버지를 부둥켜안고 함께 죽겠다고 외치며 끝내 떠나지 않았다. 네다섯 살 먹은 아이라면 모를까, 열세 살이면 어느 정도 철이 들었을 터이다. 무던히도 할아버지를 좋아하고 따르던 손자였을까? 아이를 데려가라는 명을 받은 종은 아이를 데려가지도, 주인을 두고 떠나지도 않았다. 이로써 화약고에는 다섯 사람이 남았지만 그 외에도 이름을 남기지 못한 사람들이 몇 명 더 있었을지 모른다.

그들이 마지막으로 나눈 이야기가 무엇인지는 알 수 없다. 아마 나라와 임금, 그리고 헤어진 가족에게 작별인사를 했으리라. 두려움과 떨림이 없었다면 오히려 그 편이 이상하리라. 마침내 김상용의 손에서 떨어진 불씨가 화약궤 위로 떨어졌고, 그 자리에 있던 사람들의 목숨은 재와 불꽃으로 변했다. 그 폭발로 남문루가 날아가 버릴 정도였다고 하니, 시신은 찾으려야 찾을 수 없었다.

나중에 강화도 남문루에서 멀찍이 떨어진 선원면 행원리에서 김상용의 신발 한 짝이 발견되었다. 폭발로 날아간 것일까. 그의 것이라는 표시가 있었던 것은 아니지만 그의 흔적이라도 찾아보고 싶은 사람들의 마음이 그리 간절했다고 생각할 수 있겠다. 지금 강화도의 선원면 선행리에 위치한 충렬사는 바로 그의 신발이 발견된 곳에 세워진 것이라 한다. 이곳에는 김상용 외에도 강화도 함락 때 순절했던 26인의 위패가 모셔져 있고, 매년 10월 이들의 넋을 기리는 제향을 올린다.

오랑캐라 우습게보았던 왜와 청나라에게 도성까지 침범당하고 왕조차 이리저리 쫓겨 다녀야 했던 굴욕. 하지만 연이은 양 난의 피해는 고스란히 백성들의 몫이었다. 두 차례의 큰 전란으로 조선에는 새로운 질서가 요구되었다. 그러나 제 한 목숨 부지하겠다고 달아나던 신하들은 다시 뻔뻔스럽게 조정으로 돌아와 당쟁에나 급급했을 뿐이었다. 구차하게 살아남은 사람들은 목숨을 아까워하지 않고 순절한 사람들을 보며 어떤 생각을 했을까?

김상용이 죽고 병자호란이 끝난 뒤, 김상용의 마지막에 대한 또 다른 이야기들이 퍼졌다. 실은 김상용이 담배를 피우다 실수로 불을 떨어뜨려 죽게 된 것이지, 순절하려 한 게 아니라는 것이었다. 그가 화약고에서 담배를 피울 만큼 어리석었을지는 의문이다. 김상용의 자식들은 이런 소문에 견딜 수 없었다. 육친을 잃은 것도 서글픈데, 이를 두고 알지도 못하는 사람들이 이러쿵저러쿵 입방아를 찧으니 더욱 참기 힘들었다. 김상용의 아들 김광환(金光煥)과 김광현(金光炫)은 아버지의 죽음에 대한 내력을 낱낱이 밝히면서 아버지가 싫어하던 담배를 피웠을 리가 없다며 간곡하게 호소했

다. 이 글은 『인조실록』 15년 10월 28일자에 실려 있다.

　신들은 모두 죄짓고 죽지 않았던 질긴 목숨으로 뜻밖에 그지없이 지극한 억울함을 당하여 어쩔 수 없이 무릅쓰고 아룁니다. … 그런데 이제 어떤 사람은 말하기를 '신의 아비가 남초를 피다가 불을 내어 잘못 타 죽었다' 하나 신의 아비는 평생에 남초를 싫어하여 입에 가까이 한 적이 없습니다. 이것은 온 세상이 다 아는 바인데, 어찌 죽고 사는 것이 앞에 닥쳤을 때에 도리어 평생에 싫어하던 물건을 피웠겠습니까.
　… 신의 아비가 화약 가운데에 불을 던지니 세찬 불꽃이 갑자기 일어 문루와 함께 날아갔습니다. 죽은 실상은 대개 이러합니다. 말하는 자가 드디어 이 때문에 남초를 피우다가 불을 내어 잘못 죽게 되었다는 말을 만들어냈습니다. 이때에 방편으로 남을 속이지 않고 곧바로 말하기를 '불을 가져오라. 내 스스로 불살라 죽으려 한다' 하였다면 누가 시키는 대로 따라 하였겠습니까.

　왜 이들은 왕에게 글을 올려가면서까지 아버지의 죽음의 내력을 소상히 밝혀야 했을까. 김상용의 죽음에 대한 소문이 극성스럽게 퍼졌기 때문일 것이다. 단순히 죽은 이의 공적에 대해 질투를 한다거나, 생전에 가졌던 원한 때문만은 아니었다. 전쟁이 끝나면, 조정에서는 전후 복구 계획이라든가 피폐해진 백성들의 삶을 위한 정책을 세우는 게 옳다. 하지만 이미 죽은 자의 전공까지 깎아내리는 소문을 낼 정도로 조선의 당쟁은 그 싸움의 골이 너무도 깊어 다른 어떤 것도 눈에 들어오지 않았던 것이다.

김광현은 자신의 아버지가 청나라 오랑캐에 의해 죽은 것 때문에 청나라 사람과 서로 접하기를 싫어하였고, 벼슬이 제수되어도 병을 핑계로 사양하였다. 그리고 외직에 있으면서 사용하던 문서에는 간지(干支)만을 쓰고 숭덕(崇德 : 청 태종의 연호, 1636~1643)이나 순치(順治 : 청 세조의 연호, 1644~1661) 등의 연호를 사용하지 않았으며 상소문이나 차자(箚子)에도 그렇게 하였다. 그러나 임금도 그것을 책망하지 않았다.
　그런데 소현세자가 병으로 급서한 후 김광현이 대사헌으로 있

김상용 순의비 나라를 위해 희생했지만 그의 죽음은 당쟁으로 빛을 잃었다.

으면서 세자의 병을 잘못 돌본 침의(鍼醫) 이형익(李馨益) 등의 죄를 논박한 일이 있었는데 인조는 이것이 세자빈 강씨 집안의 사주를 받고 그러는가 하여 매우 노하게 여겼다. 인조는 강빈의 오라비 강문명(姜文明)이 김광현의 사위라는 이유로 김광현을 싫어했고, 청나라 섬기기를 부끄럽게 여기는 신하들을 항상 미워했다고 한다. 권력은 자신을 위해 충절을 지킨 신하의 자손도 싫어할 만큼 매정한 것이었다.

국서를 찢고 통곡한 김상헌

> 가노라 삼각산아 다시 보자 한강수야
> 고국산천을 떠나고자 하랴마는
> 시절이 하 수상하니 올동말동 하여라

김상헌은 병자호란이 끝난 뒤 청나라 심양으로 잡혀가면서 돌아올 날을 기약하지 못한 채 마음을 달래며 이를 시로 읊었다. 오직 나랏일을 위해 애쓰던 그는 한양을 떠나 언제 다시 고국산천에 돌아올 수 있을지를 의심하며 길을 떠났다.

김상용보다 나이가 아홉 살 아래인 김상헌은 월정 윤근수, 우계 성혼의 문인으로 1596년(선조 29) 문과에 합격하여 관계에 입문하였다. 이후 수찬·부교리 등의 문관 청요직을 거쳐 광해군 때는 문과 중시에 합격하여 사가독서(賜家讀書)의 특전을 누리기도 했다. 그러나 그의 벼슬길은 평탄하지 못했다. 중시 합격 후 응교·직제학·승지를 역임하며 승승장구하던 그는 정인홍의 회퇴변척(晦退辨斥, 정인홍이 북인의 입지를 강화하기 위해 이언적과 이황을 극렬히 공격한 상소문)에 반박하다가 광주부사로 좌천되었다. 설상가상 인목대비의 아버지 김제남이 사사될 때 그와 인척 간이라는 이유로 파직되기도 하였다.

한동안 안동 풍산에서 우거하던 김상헌은 인조반정이 일어나자 다시 정계에 복귀하였다. 그는 인조반정에는 가담하지 않았는데 오히려 같은 노론으로 반정 공신의 독점을 비판하며 청서파(淸西派)의 영수가 되었다. 형 상용과 마찬가지로 김상헌도 그 성품이 방정하여 흔들리지 않고 강직하였는데 이 때문에 미움을 받아 파직되고, 지방으로 좌천되기를 여러 차례 하였다. 실록을 기록한 사관의 말을 빌려 그의 품성을 살펴보면 다음과 같다.

> 김상헌은 사람됨이 단정하고 깨끗하며 언동이 절도에 맞고 안팎이 순수하고 발라서 정금(精金)이나 미옥(美玉)과 같았으므로 바라보면 늠연(凜然)하여 사람들이 감히 사사로운 뜻으로 범하지 못하였고, 문장도 굳세고 뛰어나며 고상하고 오묘하여 옛 글 짓는 법에 가까웠다. 조정에서 벼슬한 이후로 처신이 구차하지 않고 악을 원수처럼 미워하였기 때문에 여러 번 배척당하였으나, 이해(利害)와 화복(禍福) 때문에 마음을 움직이지 않았다. 광해 때에는 폐기되어 전야(田野)에 있었는데, 반정(反正)한 처음에는 상중이기 때문에 곧 등용되지 못했다가 상을 마치자 맨 먼저 이조참의에 제배(除拜)되었다. 이때에 이르러 간장(諫長)에 제배되니, 사람들이 다 그 풍채를 사모하였다.
>
> 『인조실록』 2년 8월 28일

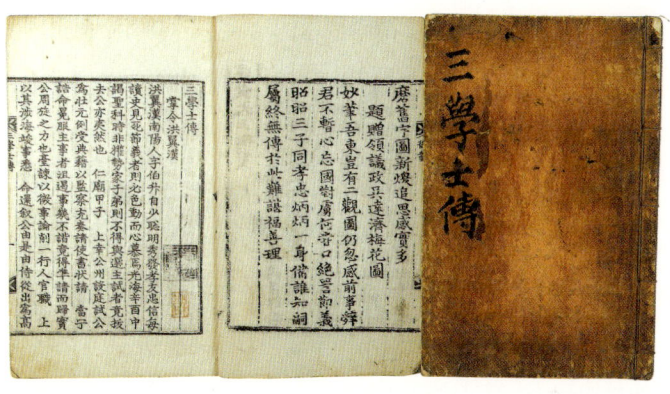

삼학사전 송시열이 편찬한 책으로 척화론을 주장해 청나라로 끌려가 죽은 홍익한, 윤집, 오달제의 전기다.

그 후 병자호란이 일어나자 당시 예조판서였던 그는 목숨을 걸고 주전론을 고수하였다. 김상헌은 배청주의의 상징적 인물이다. 병자호란 중 남한산성에서 청나라와의 화의에 대한 의논이 진행되었을 때 마침내 적에게 투항한다는 국서가 작성되었다. 그는 이 국서를 찢고 통곡한 끝에 6일간 단식하며 항거하였다. 그러나 당시 조정의 대세는 이미 주화론으로 흘러가고 있었다. 결국 인조가 출성하여 항복하자 김상헌은 안동 풍산의 청원루에 내려와 우거하였다.

적이 한양으로 밀어닥치던 날 밤, 인조도 창황히 서울을 버리고 남대문을 나와 강화도로 향하려고 했다. 하지만 정탐병이 달려와서 "적이 이미 연서역(延曙驛)을 통과하였으며 오랑캐 장수 마부대가 수백 기를 거느리고 이미 홍제원에 도착하여 한 부대로는 양천강(陽川江)을 차단하고 강화도로 가는 길을 끊었습니다"라고 보고

하는 것이 아닌가. 결국 임금이 도로 성안으로 들어가 남대문 문루 위에 앉았다. 내관이나 신하들이 정신을 못차리고 우왕좌왕하는 가운데 도성의 남녀들의 우는 소리가 길에 가득하였다.

이에 이조판서 최명길이 이경직과 함께 홍제원에 가서 적을 만나 술과 고기로 위로하며 머물게 하고 짐짓 시간을 끌어 지체하도록 하였다. 이 틈을 타 인조는 수레를 돌려 남한산성으로 향하는데, 세자의 말고삐를 잡던 자가 도망하여 세자가 손수 채찍을 잡고 채찍질하며 구리개 길을 지나 수구문(水口門)으로 나갔다. 임금이 도성을 떠나자 성중의 남녀들이 맨발로 달음질치며 임금의 행차와 서로 뒤섞여가는데 길섶에 엎어지고 자빠지고 곡성이 하늘을 진동하였다. 일행은 송파나루를 건너 밤늦게 남한산성으로 들어갔다.

영의정 김류 등은 남한산성이 지리적으로 불리함을 들어 새벽을 틈타 적이 알지 못하게 강화도로 들어갈 것을 청했다. 이튿날인 12월 15일 새벽 임금이 성에서 나왔으나 눈이 내린 뒤라 산비탈이 얼어붙어 왕이 탄 말이 미끄러졌다. 임금이 말에서 내려 걸었으나 얼음길에 수차례 넘어져 몸이 성하지 못하게 되었고, 임금의 발이 동상에 걸려 걸음을 걸을 수 없어 결국 다시 성안으로 돌아왔다. 일단 남한산성으로 들어온 인조는 성을 지키기로 하고 부대를 편성하였다. 그러나 청과의 화의는 결렬되고, 각처에서 원병이 와서 산성의 포위망을 배후에서 끊어주기를 기대했으나 원병은 도중에서 적과 접전하다 패전하여 기대에 미치지 못했다.

시간이 지날수록 한정된 식량이 바닥이 나고 화살과 탄약도 떨어져 적이 공격해와도 막을 수 없는 형편이 되었다.

이긍익의 『연려술기술』에는 당시 남한산성의 지독한 상황을 잘 보여주는 기록이 남아 있다.

  성중에 온갖 것이 다 군색해지고 말과 소가 모두 죽었으며 살아 있는 것은 굶주림이 심하여 서로 그 꼬리를 뜯어 먹었다.
  늦겨울의 혹독한 찬 기운은 전에 없던 것이었다. 적이 움직이면 바람이 일어나고 적이 정지하면 바람이 그치며, 첫 겨울에 눈 온 것이 녹지 아니하였는데 장수와 모든 군사들이 항상 노천(露天)에 거처하여 얼굴빛이 푸르고 검어서 형상이 사람 같지 않고 살이 터지고 손가락이 빠져 참혹한 것이 차마 말할 수 없었다.

이와 같은 혹독한 상황 속에서 점차 '청과 강화를 맺어야 한다. 도리가 없다'는 강화론이 일어나기 시작하고 이에 찬성하는 수가 증가했다. 주전파들의 반대가 없던 것은 아니었으나 그들이라고 해서 난국을 타개할 방도가 있던 것은 아니었다. 예조판서 김상헌, 이조참판 정온(鄭蘊) 등 주전파의 강력한 반대가 있었지만 대세는 강화론으로 기울었다. 인조는 이조판서 최명길에게 국서를 초하게 하여 청 진영에 강화를 요청했다.

김상헌은 최명길이 써놓은 항복문서의 초안을 갈기갈기 찢으며 울음을 터뜨렸다. 임금이 있는 거처까지 그 울음소리가 들렸다고 하니, 조정 대신들 모두가 들었으리라. 김상헌은 어찌 차마 이런 일을 할 수 있느냐며 최명길을 힐난하기도 했다. 차라리 자신을 묶어 청나라 군영으로 보내라며 부르짖는 그에게, 최명길은 "대감이 옳지 않은 것은 아닙니다. 대감께서 찢었으니 우리는 주워야 합니다"

남한산성 남문 병자호란 당시 인조와 조정 대신들이 피해 있었던 남한산성. 1624년(인조 2) 축성되었으나 막상 전쟁이 일어났을 땐 제대로 싸워보지도 못한 뼈아픈 장소다.

하고 찢어진 항복문서를 하나하나 모아 붙였다. 김상헌은 기거하고 있는 집으로 돌아가 음식을 물리치고 죽기를 작정하였다.

　최명길 등은 김상헌이 자리에 없는 틈을 타 국서에 '신(臣)' 자를 첨부하여 적진에 보냈다. 그러나 이에 대한 청 태조의 답서는 완강했다. 인조가 친히 출성하여 군문에 항복하고 맹약을 깬 주모자를 결박하여 보내라는 내용이었다. 이에 응하지 못하고 주저하던 차에 이번에는 강화도 함락 소식이 남한산성에 전해졌다. 이때 청군은 강화도에서 포로가 된 대군들의 친필과 윤방(尹昉)이 올린 장계

삼전도비 청 태종이 인조의 항복을 받고 자신의 공덕을 자랑하기 위해 세웠다. 그 치욕스러움 때문에 여러 차례 땅에 묻혔다가 세워지는 수난을 당하기도 했다.

를 보이면서 항복을 독촉하였다. 강화도 함락 사실을 확인한 인조는 출성을 결정하지 않을 수 없었다.

김상헌은 국서를 찢어버린 뒤 6일 동안이나 식음을 전폐하고 있었다. 이미 환갑이 넘은 68세의 나이였는데도 그의 고집은 완강했다. 아마도 죽을 각오였을 것이다. 그러던 그가 다시 음식을 넘기게 된 이유는 단 한 가지였다. 청나라가 항복의 조건으로 주전파들을 자신들에게 압송하라고 요구했던 것이다. 당연히 조선은 이 핑계 저 핑계를 대며 거절했지만 청나라도 끝까지 고집을 부렸다. 저항의 기미를 완전히 뽑아버리기 위해서였을 것이다. 뿐만 아니라 조선은 항복한 직후 척화파들을 전쟁의 원인으로 몰아 박해했다. 당시 남한산성 안에서는 '그들을 제거하지 않고는 나라가 나라답지 못하게 된다'며 척화파들을 끌어내어 직접 청나라에 바치려는 병사들의 움직임마저 있었다. 마침내 척화파들이 전쟁의 책임을 지고 청나라로 끌려간다는 이야기가 흘러나오자 김상헌은 식사를 시작했다. "내가 만일 먼저 죽으면 사람들이 나에게 오랑캐의 진중으로 끌려가는 것을 피하려고 그랬다고 할 것이다"라는 것이 그 이유였다.

그렇지만 항복은 쉽게 결정되지 않았다. 서로 말만 오고 갈 뿐이었다. 또다시 청나라는 공격을 시작했고, 조선의 군대는 애써 저항했지만 피해는 심각했다. 청나라는 다시금 화평을 하려고 달려온 최명길에게 이전에 조선이 보냈던 국서를 그대로 돌려주며 황제가 조선의 무례함에 분노하여 돌아가니 이후에는 항복하고 싶어도 할 수 없으리라고 으름장을 놓았다.

이런 와중에도 남한산성 안 사람들은 하루하루 굶주림과 추위에

찌들었고, 사나워진 병사들은 척화파들을 내어 죽이라고 외쳐댔다. 결국 인조는 세자와 백관을 거느리고 남한산성의 서문을 나와 삼전도로 향했다. 왕이 직접 머리를 조아리는 맹서의 예를 행한 뒤 한강을 건너 서울로 돌아왔다. 그날 김상헌은 노끈과 바지 끈을 사용해 두 번이나 자살을 시도했다. 조카들은 삼촌의 굳센 결의를 잘 알았기에 가슴을 치며 눈물을 흘릴 뿐 감히 막지 못했다. 옆에 있던 병조참지 나만갑(羅萬甲)이 겨우 구해냈다. 청나라는 막대한 전쟁배상금을 받고 소현세자와 빈궁, 봉림대군을 볼모로 삼고 척화론의 주모자 오달제, 윤집, 홍익한 등 인질들을 잡아 심양으로 돌아갔다.

김상헌은 성문이 열리는 날로 벼슬을 버리고 조상의 고향인 안동으로 내려와 청원루에 거처를 정하고 근신했다. 그러나 그의 안동생활은 오래가지 못했다. 전쟁이 끝나고 2년 뒤인 1639년, 청나라가 명나라 정벌에 필요한 군사를 요청하자 김상헌은 이에 반대하는 상소를 올렸고, 그 결과 심양으로 압송되어 6년 동안 감금생활을 했다.

한편 최명길은 조선이 청나라에 항복한 뒤 우의정으로 봉해졌고 이후 피폐된 나라의 재건에 온 힘을 기울였다. 청나라에 항복을 주장했다고 하여 김상헌을 비롯한 척화파에게 매도당하기도 했지만 그는 자신의 주장을 굽히지 않았다. 아니, 오히려 더 원대한 생각을 품고 있었다. 김상헌이 청나라로 끌려가기 1년 전인 1638년, 최명길은 아직까지 잔존해 있던 명나라에 밀서를 보냈다. 조선이 나라를 보존하기 위해 어쩔 수 없이 청나라에 항복했다는 사실을 알린 것이다. 최명길이 단순히 눈앞의 불을 끄기 위해 항복을 선택한

게 아니었음을 이런 밀서는 물론, 그가 척화파의 대표적인 인물이었던 임경업 장군과 친밀한 사이였다는 것이 증명하고 있다. 사실 밀서를 작성한 이는 최명길이었고, 보낸 이는 임경업이었다. 이처럼 서너 차례 조선과 명나라 사이에 문서가 오갔으나 5년 만에 청나라에 발각되고 말았다. 최명길은 그 책임을 지고 수갑과 사슬이 채워진 채 사형수들만 간다는 심양의 감옥 북관(北館)에 갇히게 되었다. 그리고 최명길의 바로 옆방에 갇혔던 이가 먼저 투옥되었던 김상헌이었다.

김상헌과 최명길은 주전파와 주화파의 대표적인 인물로 갈등했으나 심양에서 서로의 뜻을 이해하였다. 최명길은 김상헌이 헛되이 이름을 얻으려는 데 마음이 있다고 의심하여 그의 정승 추천까지 깎아버리곤 했었다. 그러나 이때 함께 갇혀 있으면서 죽음이 눈앞에 닥쳐와도 흔들리지 않는 의젓한 모습을 보고 그의 절의에 탄복했다. 김상헌 또한 처음에는 최명길을 옛날 송나라 때 악비(岳飛)를 모함한 간신배 진회(秦檜)와 다름없다고 생각했는데 그가 목숨을 걸고 스스로 뜻을 지키며 흔들리거나 굽히지 않는 것을 보고 그의 뜻이 일신의 영달이나 오랑캐를 위함이 아님을 알게 되었다. 이에 서로 공경하고 존중하게 되었다고 한다.

후일 김상헌이 시를 지어 말하기를

    양 대의 우정을 찾고　　從尋兩世好
    백 년의 의심을 푼다　　頓釋百年疑

라고 하였고, 최명길도 이에 화답하였다.

그대 마음 돌 같아서 끝내 돌리기 어렵고　　君心如石終難轉
나의 도는 고리 같아 믿음에 따라 돈다　　吾道如環信所隨

세종의 6대 손으로 뒷날 영의정에 올랐던 이경여(李敬輿)가 두 사람의 모습을 보면서 시를 지어 보낸다.

두 어른의 경·권이 각기 나라를 위한 것인데　　二老經權各爲公
하늘을 떠받드는 큰 절개요　　　　　　　　　擎天大節濟時功
한때를 건져낸 큰 공적일세

여기에서 말하는 경(經)과 절개는 김상헌을 이르는 말이요, 권(權)과 공적은 최명길을 이르는 말이다. 즉 둘 다 나라를 생각한 것이기에 모두 옳으며, 나름의 경지가 있다는 말이다. 이후 최명길의 아들 최후량은 두 사람의 석방을 위해 청나라에 뇌물을 바치기도 했다. 이들의 본의 아닌 동거생활은 김상헌이 먼저 풀려나 조선으로 귀국하게 됨으로써 끝난다. 이 일은 정반대편의 정적들이 서로를 이해하고 우정을 쌓게 되었다는 것만으로도 희귀하며 값진 일이었다.

김상헌은 1645년(인조 23)에 방환되어 좌의정에 제수되었고, 1650년 효종이 즉위하자 대로(大老)로 예우되어 북벌의 상징적인 인물이 되었다. 그러나 그는 남양주의 석실에 은거하였다가 1652년 83세의 나이로 파란만장한 생을 마감하였다.

김상헌은 항시 의리(義理)에 강직하였으므로 그가 관직에 있으면 관리들이 아예 부정할 것을 포기했다고 한다. 『공사견문』에는 이런 일이 전한다.

　장약관(掌藥官) 박시량(朴時亮)이 어느 날 조회 때, 길에서 진흙이 묻는다고 대분투(大分套, 큰 가죽 신으로 신 위에 신는 덧신)를 신고 다녔으며, 부자 역관 장현(張炫)은 집을 짓는데 호사스럽게 꾸몄다. 모두 나라에서 법으로 금한 것이다. 김상헌이 대사헌이 되어 두 사람을 옥에 가두었다. 이에 시량의 처자가 인척이 되는 영의정 오윤겸에게 목숨을 살려줄 것을 비니 오윤겸이 말하기를, "김공은 비록 내 아들이 법을 범했다 해도 용서하지 않을 텐데 어찌 감히 부탁할 생각을 하겠느냐" 하였다. 마음으로 매우 불쌍히 여겼지만 끝내 구해내지 못하고 두 사람은 마침내 형벌을 받았다.

　또 다른 일화로 왕실의 한 종친이 정자를 짓는데 나라에서 금한 둥근 기둥을 사용하였다가 김상헌이 대사헌이 되었다는 말을 듣고 부랴부랴 둥근 기둥을 깎아 모나게 하였다는 이야기가 전한다. 당시 궁중에서 둥근 기둥을 사용했기 때문에 사삿집은 감히 사용하지 못했던 것이다.
　그의 사람됨을 알게 하는 다음과 같은 일화도 있다.

　김상헌은 광해군의 처남으로 인목대비 폐위에 앞장섰던 유희분(柳希奮)과는 이종 형제였는데 희분이 인조반정 후에 참형을 당하자 공이 복(服)을 입고 가서 곡을 하려고 하니 누군가 말리며 말하기를, '이때에 가서 곡 하는 것이 불리하지 않은가' 하였다. 공이 말하기를, '유(柳)가 형을 입은 것은 역적에 관계된 것이 아니고 권세를 탐하고 미혹하여 깨닫지 못한 데 불과한 것이다. 살아 있을 때에는 비록 그 집에 드나들지 않았으나 죽은 뒤에는 친척 간에 끊어야 될 의(義)가 없는 것이다. 가서 곡하고 복을 입지 않을 수 없다' 하였다.

그의 위풍이 이만하였던 것이다.
이처럼 김상용은 종묘사직을 위해 분신 순절하였고, 김상헌은 척화의 혹독한 대가로 심양으로 압송되어 감금생활을 당하였으나 이들의 행적은 충절의 표본이 되어 자손들이 서인의 청류(淸流)로 부상하는 명분이 되었다.

노론의 구심점, 석실서원

남한산성이 함락된 이후, 김상헌은 벼슬을 버리고 양주군 와공면 도시리 석실촌(현재 남양주시 와부읍 덕소리 일대)으로 낙향한다. 석실에 사당을 건립하고 주거를 형성한 그는 정치적 격변이나 신변상의 어려운 문제가 있으면 항상 이곳에 은거했다.

1645년(인조 23) 심양에서 돌아온 이후 그는 사망하기까지 약 8년간의 여생을 이곳에서 보내며 스스로를 석실산인(石室山人)으로 자처하고 학문연구와 저술에 힘썼다. 김상헌이 세상을 떠나 이곳에 묻힌 후에는 안동김씨의 세장지(世葬地)가 되었다.

김상헌은 이곳에 은거하며 벼슬을 버렸지만 세상과 사람들이 그를 놓아두지 않았다. 항복문서를 찢어버렸던 그는 척화파의 상징적인 인물이었고, 그를 흠모하는 사람들이 끊임없이 찾아들었던

● 2. 떠오르는 명문가 ●

석실서원지 김상헌을 기렸던 석실서원은 노론의 구심점이 되어 경기도 일대 학풍을 주도해나갔다. 하지만 흥선대원군의 서원철폐령으로 역사의 뒤안길로 사라지고 지금은 터만 남아 있다.

것이다. 김상헌은 북벌론자들에게 가장 존경받는 어른으로 받들어졌으며, 그들의 후손 역시 이 같은 명분론을 주도함으로써 안동김씨가 조선의 명가로 발돋움하는 데 중요한 계기를 마련했다.

　김상헌이 세상을 떠난 뒤, 기호학파를 중심으로 그를 기리려는 서원을 설립하자는 움직임이 일었다. 이미 북벌과 서인의 상징이 된 인물이었으니 당대의 문장가인 이경석이 상량문을 짓고, 송시열이 묘정비문(廟庭碑文)을 기록했다. 특히 송시열은 박세채와 더

미호 석실서원지에서 바라본 미호의 풍경. 미호는 삼주삼산각과 미사리 사이의 한강을 가리킨다.

불어 이른바 '석실문하(石室門下)' 사람이었으며 실제로 김상헌의 후원을 통해 효종에게 천거되었으니 보통 인연이 아니었다. 석실서원에는 김상헌뿐 아니라 김상용의 위패도 봉해졌는데, 사실 김상용은 석실과 별다른 연관이 없다. 그런데도 이 두 사람의 위패가 석실서원에 모셔진 것은 두 사람 모두 나라에 충절을 다했다는 것을 감안한 것은 물론, 두 형제를 가문의 현조(顯祖)로 삼으려는 안동김씨 가문의 의도가 반영된 결과일 것이다.

이후 1663년, 안동김씨의 사위가 되었던 현종은 석실서원에 '석실(石室)'이라는 편액을 내렸다. 이로써 석실서원은 명실 공히 안동김씨의 정신적 구심점이자 기호학파의 정치·사회·학문의 산실이 되었다. 하지만 석실서원은 단순히 안동김씨들만의 장소가 아닌, 노론이라는 정치적 당파의 구심점이 되었다는 데에서 한층 더 중요하다. 석실서원은 정치적으로는 조광조와 송시열의 위패를 모신 양주의 도봉서원, 조광조를 모신 용인의 심곡서원, 정몽주를 모신 광주의 충렬서원과 더불어 노론의 공론을 주도했다. 또한 학문적으로 서원을 통해서 김창협·김창흡·김원행 같은 인물들을 중심으로 경기도 일대의 학풍을 주도해나갔다. 석실서원을 중심으로 한 안동김씨의 학맥은 호락논쟁(湖洛論爭)을 통해 낙론의 핵심으로 부상하게 된다.

그러나 석실서원은 점차 정치적으로 변질되고, 학맥을 통한 특권의 온상이 되었다. 특히 안동김씨가 집권한 뒤로 그 폐단은 더 극심해졌다. 흥선대원군이 집권한 후 내려진 서원철폐령에 석실서원도 포함되어 여러 서원들과 함께 역사의 뒤안길로 사라졌다. 현재는 석실서원의 위치가 어디에 있었는지조차 분명하게 알 수 없다. 지금의 경기도 남양주시 수석동, 일명 서원말 일대일 것으로 추정하는 정도이다.

🏛 가문의 영광과 수난의 시작

병자호란은 조선과 그 백성들의 자존심을 짓이겼지만, 이를 설욕할 날은 끝내 오지 않았다. 북벌은 실패로 돌아갔고, 조선은 기나긴 암흑, 아니 소강기로 접어들게 된다. 박지원의 유명한 소설 『허생전』에는 조선이 오랑캐인 청나라를 물리치자고 외쳤던 북벌을 통렬하게 비웃는 대목이 나온다. 또한 허생이 갓을 만드는 말총과 제사지내는 데 쓰는 과일을 매점매석해서 큰돈을 버는데 이는 당시 양반들이 체면 차리는 데 급급한 것을 빈정댄 것이었다. 당시 고도로 발달했던 성리학은 정치 이념으로 조선에 엄청난 영향력을 끼쳤지만 동시에 허례허식과 명분에 집착하는 폐단을 낳았고 박지원은 이를 비판했던 것이다.

실제로 효종은 청나라를 물리치고 조선의 깃발을 휘날리는 위대한 정복을 꿈꾸었을지도 모른다. 문제는 효종과 신하들이 꿈꾸었던 북벌이 다른 의미였다는 것이다. 그의 사후 조선에선 예송논쟁이 벌어졌다. 예송논쟁은 겉으로는 종법 등 명분을 위한 것이었지만 사실은 자신의 당파를 위해 죽은 왕의 왕위계승에 대한 정당성을 제기하면서까지 반대파를 제거하려던 것이었다. 이런 그들이 진정으로 북벌을 논했을 리가 없다.

조선의 선비들은 멸망한 명나라를 그리워하고, 청나라의 연호

대신 이미 죽은 숭정의 연호를 고집했다. 병자호란 당시 전쟁을 외치고 굴욕적인 국서를 찢었으며, 마침내 청에 끌려가서 옥고마저 치른 김상헌은 북벌을 외치던 사람들에게 더없는 존경을 받았으며, 그의 본관인 안동김씨는 대의명분의 상징으로까지 추앙받았다.

김상용과 달리 김상헌이 그 명성을 유지할 수 있던 것은 김상헌의 손자 김수항과 증손자 김창집 덕이었다. 이로써 안동김씨는 역사에 다시 모습을 드러낸 이후로 최대의 전성기를 맞지만 그와 동시에 치열하기 그지없었던 당파싸움 한복판에 휩쓸리게 된다. 안동김씨 가문의 영광과 수난의 시작이었다.

안동김씨의 가문은 김상헌이 벼슬길에 오른 이후 서울 일대의 명문 가문들과 통혼을 하면서 당대 최고 가문의 반열에 오르게 된다. 이들은 창녕조씨 조한영(曺漢英) 가문, 남원윤씨 윤형각(尹衡覺) 가문, 안정나씨 나성두(羅星斗) 가문, 용인이씨 이정악(李挺岳) 가문, 풍산홍씨 홍주천(洪柱天) 가문, 전주이씨 이중휘(李重輝) 가문, 은진송씨 송규렴(宋圭濂) 가문, 한산이씨 이광직(李光稷) 가문, 양천허씨 허적(許積) 가문 등 대부분 서인 노론가였다.

이중 조한영 집안과 나성두 집안은 후일 소론으로 노선을 달리하였다. 특이한 것은 김상헌에게는 허견에게 출가한 서손녀가 있었는데 허견은 숙종 때 남인의 영수였던 영의정 허적의 서자였다. 이 시기는 아직 서인·남인 가문의 적대가 깊지 않던 때이나 이러한 핵심 가문 사이의 통혼은 매우 이례적인 것이었다. 이 서손녀란 바로 김상헌의 아들 김광찬이 계축옥사를 둘러싸고 첫 부인이었던 연안김씨를 출문했다가 받아들임으로써 억울하게 서출이 된 김수징을 비롯한 4남 1녀의 그 손녀였다.

　김상헌의 증손 대에 와서는 통혼의 범위가 더욱 넓어졌다. 전주이씨 이정영 가문, 덕수이씨 이식 가문, 남양홍씨 홍구성 가문, 한산이씨 이병천 가문, 평산신씨 신진화 가문, 기계유씨 유명건 가문, 반남박씨 박세남 가문, 연안이씨 이단상 가문, 경주이씨 이세장 가문, 전주이씨 익풍군 가문, 남양홍씨 홍처우 가문, 전주이씨 이섭 가문 등 역시 서인 노론의 주요 가문에 집중되었다.

세 형제의 갈림길

　김상헌은 슬하에 아들이 없어, 아우 김상관(金尙寬)의 아들 김광찬을 양자로 삼았다. 김광찬은 음직으로 형조정랑을 거쳐 동지중추부사에 이르렀으나 고관에 진출한 것은 아니었다. 그는 연흥부원군 김제남의 손녀사위가 되었는데 이는 전적으로 아버지 김상헌의 정치·사회적 지위에 힘입은 것이라 할 수 있다.

　김상헌 이후로 안동김씨가 조선 후기 정치사의 주역으로 떠오른 것은 흔히 '3수(三壽)'로 칭해지던 김광찬의 아들 수증·수흥·수항 3형제에 이르러서였다. 김광찬은 모두 7남 6녀를 두었는데 첫 부인은 김제남의 손녀로 김수증 3형제와 5녀를 낳았다. 김제남은 선조의 계비인 인목왕후 연안김씨의 아버지로 이이첨 등에 의해 인목왕후의 소생인 영창대군을 추대하려 했다는 공격을 받아 사사되었다. 이를 계축옥사(癸丑獄事)라 하는데 김제남 가문이 화를 당하자 김광찬은 연안김씨와 강제 이혼당하고 새로 부인을 얻어 김수징을 비롯한 4남 1녀를 더 두었다. 그 후 인조반정으로 인해 김제남 가문이 복권되자 첫 부인 연안김씨 또한 김광찬의 부인으로서 지위를 회복하게 되었다. 그런데 문제는 일부일처의 법제에 따라 김수징의 생모는 본의 아니게 후실이 되어버리고 그 자녀들도 억울하게 서출로 전락하게 되었다는 것이다. 이러한 기막힌 가족사는 조선 사회에나 있을 수 있는 아픔이었다.

김광찬의 큰아들인 수증은 공조참판을 끝으로 낙향하였으나 수홍과 수항은 문과에 급제하고 형제가 나란히 영의정에 오름으로써 안동김씨는 현종 때부터 정치 권력의 핵심에 자리하게 된다. 특히 이들 3형제는 서인 노론의 영수 송시열, 송준길과 사우(師友) 관계를 형성하였는데 이들과 함께 3송으로 불리던 송규렴과는 혼맥을 같이 하고 있다. 후일 김창협 형제가 송시열을 사사(師事)하게 되는 것도 이때 형성된 학연에 바탕하였다.

1633년에 형제들의 어머니인 김씨가 세상을 떠난다. 장남인 수증이 열 살, 막내 수항이 다섯 살 때의 일이다. 형제들은 처음 할아버지 김상헌에게 글을 배웠다. 사실 할아버지와 손자가 같이 있던 시간은 오래지 않았을 것이다. 하지만 손자들의 눈에 백발이 성성한 할아버지가 심양으로 끌려가는 모습은 적잖은 상처로 남았을 것이다. 송시열은 김수항의 묘지명을 적으면서 어린 시절부터 김상헌에게 학문을 배워왔다는 사실을 이렇게 적었다.

공은 어려서부터 온종일 걸터앉지 않고 꿇어앉았으며 어깨와 등이 똑바르고 조금도 몸을 기대거나 기울이지 않으면서, "외면에 조금이라도 틈이 있으면, 심지(心志)를 잃게 된다" 하였다. 문사(文辭)는 전

● 2. 떠오르는 명문가 ●

아(典雅)하고, 화려함을 힘써 없애니 노선생(김상헌)이 일찍이 "쓸모 있는 글이다" 하고 인정하였다.

김상헌이 오랜 귀양생활을 끝내고 돌아와 남은 생을 석실서원에서 보내는 동안 곁을 지킨 것은 이들 손자들이었다. 하지만 그런 시간도 길지 않았다. 파란만장한 삶을 살았던 김상헌이 세상을 떠난 것은 1652년, 그의 나이 여든셋의 일이었다. 손자들은 이제 20대 중반의 청년으로 장성해 있었다. 할아버지가 이들 형제들에게 많은 영향을 남긴 것은 틀림없는 사실이다. 하지만 살아서보다는 죽어서 훨씬 짙은 그림자를 드리웠다.

이 당시 안동김씨는 상당한 명문가의 반열에 올라 있었는데 때마침 효종이 주도했던 북벌론과 청나라에 저항했던 김상헌에 대한 추모에 힘입어 대명의리론과 주자학적 절의의 상징이 되어 있었다. 위대한 아버지나 선조를 둔 자식들은 흔히 두 부류로 나뉜다. 하나는 부모의 명성에 짓눌려 그만도 못한 자식이 되어버리거나 혹은 부모에게 지지 않을 정도로 훌륭한 인물이 되거나이다. 대개 전자의 경우가 후자보다 많지만 이들 형제, 특히 김수항은 후자였다. 3수 형제 중에서 가장 영달했던 이는 막내 수항이었다.

둘째였던 김수흥은 18세에 아들이 없었던 큰아버지 김광혁(金光爀)의 양자로 들어갔고, 23세 되던 1648년 사마시에서 1등으로 급제했다. 김수항은 18세 때 진사시에서 장원으로 급제했고, 23세에는 알성 문과에서 다시 장원으로 급제했다. 28세 때에는 중시 을과에서 또다시 장원을 했다. 이후 두 형제는 나라의 중책을 역임했는데 김수흥은 대사간, 도승지, 호조판서를 거쳐 좌의정이 되었고,

김수항은 호당에 선발되어 사가독서의 특권을 누리고, 이조정랑·도승지·이조판서를 역임했다. 특히 김수항은 44세의 나이로 우의정과 좌의정을 연달아 지냈고, 이듬해 영의정에 오른 형 김수흥과 함께 한 집안의 형제가 현직 정승을 지내는 진기록을 세우기도 했다. 이로써 안동김씨 가문은 벼슬길에 들어선 이후로 최고의 전성기를 맞이한 셈이었다. 하지만 이들 형제가 벼슬을 했던 현종 시기는 성리학과 예송논쟁이 들끓었고, 당파싸움과 옥사가 거듭되는 때였다.

1659년 효종이 승하했을 때 모후인 인조의 계비 장렬왕후 조씨의 상복을 3년으로 하자는 남인의 주장과 1년인 기년복으로 하자는 서인의 주장이 대립되었다. 허목으로 대표되는 남인의 주장은 왕실의 특수성을 인정하여 효종이 왕위에 있었으니 적장자로 보아야 한다는 것이고, 송시열이 이끄는 서인의 주장은 천하동례(天下同禮)에 따라, 죽기는 했지만 큰아들인 소현세자가 있기에 효종을 둘째로 보아야 한다는 것이었다. 결국 서인의 주장이 채택되어 그들이 계속 정국을 주도하였다. 이것이 기해예송(己亥禮訟)이다

1674년(현종 15), 효종비 인선왕후(仁宣王后) 장씨가 승하했다. 이때도 역시 인조의 계비였던 장렬왕후의 복상기간이 문제가 되었는데, 서인과 남인은 각각 9개월 동안 상복을 입는 대공(大功)과 1년을 입는 기년상을 주장하며 논쟁을 벌였다. 이것이 2차 갑인예송(甲寅禮訟)이다.

당시 정국을 주도하고 있던 서인들은 인선왕후를 장렬왕후의 둘째 아들(인종)의 아내로 보아 대공복을 입어야 한다고 주장했고, 남인은 인선왕후를 장자의 지위를 계승한 둘째 아들의 아내로 보

● 2. 떠오르는 명문가 ●

김수항 현종 대 안동김씨 가문의 최전성기를 구축한 김수항의 초상.

아 기년복을 입도록 해야 한다는 주장이었다. 현종은 남인의 손을 들어주었다.

　이런 예송문제는 실제로의 예법 문제라기보다는, '효종이 인조의 뒤를 이었으나 적통(嫡統)은 아니라(體而不正)'는 서인들의 주장에 대한 현종의 반발이기도 했다. 결과는 남인의 기년상이 채택되었고, 서인은 정치적 수세에 몰렸다. 현종은 복제문제를 담당했던 예조판서 조연 등을 옥에 가두고 당시 영의정 김수흥을 춘천으로 유배하였다. 그로부터 얼마 되지 않아 남인 허적을 영의정으로 서인 김수항을 좌의정으로 결정하여 정국의 주도권이 서인에게서 남

85

인으로 넘어가는 계기가 되었다.

이때 현종이 갑작스레 승하하고, 그 아들인 숙종이 즉위했다. 숙종은 기세가 올라 있던 남인들의 손을 더욱 높이 들어주었다. 민유중·이단하 등 서인으로 중앙 정계에서 활동하던 인물들은 관작이 삭탈되고 김수항도 영암으로 유배되었다가 다시 철원으로 귀양 갔다.

숙종 연간에 조선을 뒤흔들었던 환국(換局)의 파국 한복판에 이들 형제가 서게 되었다. 하지만 남인들의 독주가 계속되자 숙종은 이들을 견제하기 위해 서인계 인물들의 유배를 풀어 정계로 복귀시키는 등 남인을 축출하기에 이르렀다. 1680년(숙종 6) 서인들이 재집권하게 되는 경신환국(庚申換局)으로 수흥·수항 두 형제는 다시 정계 복귀할 수 있었다. 이후 형과 동생이 번갈아가며 영의정의 자리에 올라 안동김씨 가문이 영달을 누리게 된다.

당시 숙종의 두 여인, 인현왕후와 장희빈의 이야기는 단순히 사극 속 삼각관계로만 볼 수 있는 문제가 아니었다. 장희빈은 남인과 연결되어 있는 역관 집안 출신이었고, 민유중의 딸인 인현왕후는 서인들을 대표했다. 그리고 이들의 몰락과 영광은 이들 당파에 속한 사람들의 생사와 직결되었다.

인현왕후는 다른 날도 아닌 자신의 생일날, 남편인 숙종에게 축하를 받는 대신 왕비에서 폐해져 친정으로 쫓겨났다. 이유는 투기가 심하다는 것이었으나 이는 희빈 장씨를 왕비로 승격시키기 위한 빌미였다. 숙종은 왕비를 갈아 치우는 것만큼이나 지지하던 당파를 바꾸는 것 역시 신속했다. 인현왕후 민씨의 폐위는 서인의 추락을 뜻했다. 이때 수많은 사람들이 귀양을 가거나 죽임을 당했는데 이것이 1689년(숙종 15)의 기사환국(己巳換局)이다. 그리고 영의정의 자리에 있었다고는 하지만 서인이었던 김수흥, 김수항 형제 역시 이 광풍에서 벗어날 수 없었다.

남인들은 특히 김수항을 집중적으로 공격했는데 그 원인은 서인 집권기에 남인들이 받았던 탄압에 있었다. 이미 환국은 사리의 옳고 그름을 떠나 지난 원한을 갚는 수단으로 변질되어 있었고, 거듭되는 보복은 서로에게 더욱 커다란 상처를 입히며 감정의 골을 깊게 만들었다. 숙종의 명령으로 태조 이성계의 초상(肖像)을 전주에 모셔 놓고 돌아오던 김수항은 기사환국으로 탄핵을 받고 외딴 섬 진도에 위리안치되었다. 그리고 겨우 달포가 지났을 3월 28일 사사(賜死)하라는 명령이 내려졌다. 진도에서 김수항이 사약이 담긴 그릇을 받아든 것은 4월 9일이었다. 그의 형 김수흥 역시 장기(長鬐)로 유배되었다가 이듬해에 유배지에서 세상을 떠나 형제가 연달아 목숨을 잃게 되었다. 안동김씨로서는 두 번째로 만나는 시련이었다. 그들의 할아버지인 김상용과 김상헌이 외적을 상대로 목숨을 잃고 고초를 겪었지만 김수흥과 김수항은 국내의 당파싸움에 휘말려 죽게 된 것이다. 이때 김수항은 이미 환갑의 나이였다. 영의정의 자리에서 언제 죽을지 알 수 없는 죄인의 신세로 영락해버린 김수항이 유배지인 진도에서 지었던 한 구절의 시가 남아 있다.

눈 오는 밤 홀로 앉다	雪夜獨坐
허름한 집에 찬바람이 불어들고	破屋凉風入
빈 뜰에는 흰 눈이 쌓인다	空庭白雪堆
시름에 겨운 마음 등불과 같아	愁心與燈火

곡운구곡 주자의 무이구곡을 따 김수증이 이름 붙인 곡운구곡. 초야의 학자로서 이곳에 머물렀던 김수증은 당쟁의 회오리 속에서 죽어간 다른 형제들과 달리 천수를 누릴 수 있었다.

이 밤에 함께 재가 되누나   此夜共成灰

이처럼 김수흥과 김수항이 차례차례 세상을 떠나고 안동김씨 가문이 화를 입는 와중에도 그 불똥을 피한 사람이 있었다. 바로 큰형 김수증이다. 장남이라고는 하지만 수증은 벼슬에 별다른 관심이 없었던 것 같다. 공조참판 벼슬을 끝으로, 47세 되던 1670년(현종 11)부터 세상일을 모두 접고 춘천의 화악산 기슭 곡운(谷雲)에 은거하며 살았다. 그는 이곳을 곡운구곡이라고 이름 붙였는데 바로 주자의 무이구곡(武夷九曲)을 따온 것이었다. 이곳에 곡운정사(谷雲精舍), 농수정(籠水亭), 삼일정(三一亭), 유지당(有知堂) 등을 세우고 제갈량과 김시습, 송시열의 화상(畵像)을 봉안하여 그들을 추념하기도 하였다. 비록 초야에 묻혔을지라도 주자학자로서의 모습을 잃지 않았다고 할 수 있겠는데 당대의 화가 조세걸(曺世傑)이 이곳의 풍경을 〈곡운구곡도〉로 그리면서 세상에 알려지게 되었다. 이 그림은 현재 국립중앙박물관에 〈곡운구곡도첩〉으로 소장되어 있다. 이후로도 김수증은 금강산 등을 노닐며 시를 짓고 기행문을 쓰며 유유자적하였다. 그는 78세에 삶을 마감했는데 이는 두 동생과 요절한 손자들보다 오래 산 것이었다. 그와 반대로 동생들은 권력과 영욕의 부침 한가운데 서서 이리저리 휩쓸리며 살다가 죽었다. 아무리 속세를 떠나 생활한다고 해도 동생들의 죽음에 마음이 편하지 않았을 것이다. 비록 몸은 천수를 누리고 자연을 즐기다 흙으로 돌아갔지만 그 마음이 진실로 평화로웠는지는 본인만이 알 수 있으리라. 그는 문집을 남겼지만 대부분을 흥취를 즐긴 시였으며 자신에 대해서는 많은 기록을 남기지 않았다.

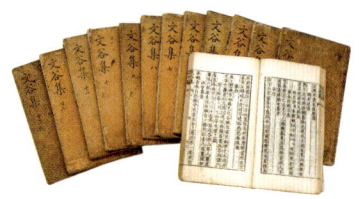
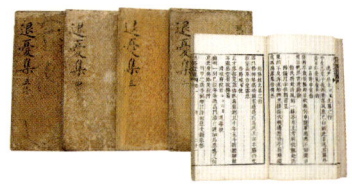

김수항 『문곡집』, 김수흥 『퇴우당집』 안동김씨 세력의 밑거름을 마련한 두 형제들의 문집.
(국립중앙도서관 소장)

각자 다른 길을 걸었던 이들 세 형제는 각각 문집을 남겼다. 김수증은 『곡운집(谷雲集)』, 김수흥은 『퇴우당집(退憂堂集)』, 김수항은 『문곡집(文谷集)』이었다. 개인적으로 본다면 김수증은 자신을 삶을 만끽했다. 하지만 이후 안동김씨 세력의 밑거름을 마련한 이는 두 동생이었다. 이런 형제들의 삶 중에 어느 쪽이 더 나았는지는 쉽게 단정하기 어려울 것이다.

노론의 온화한 조정자, 김수항

송시열은 조선의 대표적인 주자학자이자 의리론자이며 명분론자였다. 그는 살아서는 물론이고 죽어서까지 학계는 물론 정치계에까지 짙은 족적을 남겼다. 그만큼의 정열과 역량, 그리고 학문 업적을 겸비한 학자도 우리 역사 속에서 찾기 어렵다. 하지만 송시열은 지극히 성정이 격렬한 사람이었고, 호불호가 너무도 명확했다. 본래 성리학적 의리란 사심에 얽매이지 않고 손익을 따지지 않으며 옳은 것을 옳다고 하고, 그른 것을 그르다고 하는 것이다. 따라서 청나라가 아닌 명나라를 받들었으며, 김상헌을 존숭하고 최명길을 비난했다. 불행히도 송시열은 화해보다는 명분에 따라 행동하는 일이 많았는데 당파싸움이 극에 달했던 시대적 상황 역시 작용했을 것이다. 사람들은 그에게 등을 돌리고 그를 모함하고 비난했다. 그 결과 옥사로까지 번져 많은 사람이 목숨을 잃었으며, 마침내 송시열 자신의 생명마저 앗아가게 되었다.

하지만 송시열과 안동김씨와의 인연은 각별했다. 그는 김상헌을 노선생(老先生)이라고 부르며 더없이 존경했다. 사사롭게는 스승과 제자 사이였다. 송시열에게 김상헌은 주자학의 이념을 몸소 실천한 살아 있는 우상이나 다름없었다. 송시열의 이 같은 스승에 대한 존경은 그들의 자손에까지 이어졌다. 또한 송시열은 김상헌의 손자인 3수 형제들과는 한 스승을 둔 사이였고, 후일 이들 형제들의 아들들인 김창협 형제가 송시열에게 배우게 되는 것도 이때 형성된 학연 덕분이다.

이중에서도 특히 송시열과 김수항의 사이는 아주 돈독했다. 송시열은 1607년에 태어났고, 김수항은 1622년에 태어났으니 두 사람은 무려 열다섯 살이나 나이 차이가 났다. 하지만 송시열은 김수항을 가장 아꼈고 존중했으며, 늘 많은 대화를 나누었다. 송시열의 문집『송자대전』을 보면, 김수항의 이름이 허다하게 발견된다. 다른 지인들에게 보낸 편지에도 김수항의 호인 문곡(文谷)을 들어가며 "문곡이 이전에 이렇게 말했는데……"라는 글귀가 곧잘 보인다. 물론 같은 사우이자 김상헌의 손자였던 김수증이나 김수흥 역시 언급하곤 했지만, 김수항만큼은 아니었다.

송시열에 따르면, 김수항은 온화한 성격이었고, 외모 역시 단정하고 수려했다고 한다. 이런 성품 덕에 당파싸움의 서슬이 시퍼렇던 와중에서도 김수항은 분쟁을 확대하지 않는 데 주력을 다했고 그 때문에 정승이면서도 하는 일이 없었다고 비난을 받기까지 했다. 생각건대 주로 싸움을 중재하고 말리는 역할이었던 것 같다. 온화한 김수항과 격한 성정의 송시열은 어울리지 않는 듯 보이나 뜻밖에도 이들 사이의 관계는 돈독했다. 송시열은 그의 저서『주자대전(朱子大全)』이나『주자대전차의(朱子大全箚疑)』,『택당집(澤

堂集)』을 발간할 때도 김수항의 의견을 구했고, 그럴 때마다 김수항은 꼼꼼하게 글의 편집을 하거나 글을 가려 뽑는 등 송시열을 적극적으로 도왔다. 김수항 역시 주자학에 대해 해박한 지식과 견해를 갖추고 있었는데 이것은 김상헌 이전부터 이어져 온 가풍이었다. 게다가 김수항은 이후 정조가 그의 글을 각별히 좋아했을 만큼 뛰어난 문장가로 변려문(騈儷文)은 당대 최고로 일컬어졌고, 시문에도 뛰어나고 글씨도 잘 써 전서와 해서, 초서에 두루 능했다. 참으로 다재다능한 인물로 그 유명한 송시열이 여러모로 아낄 수밖에 없는 인물이었다.

뿐만 아니라 김수항은 고집이 세고 자기주장이 강한 송시열을 말리거나 충고를 할 수 있는 얼마 안 되는 사람이었다. 특히 개인적인 감정으로 시작된 송시열과 윤증(尹拯)의 악연이 회니시비(懷尼是非)로 불거지자 김수항은 송시열에게 편지를 보내 둘을 화해시키려 했던 모양이다. 사건은 송시열의 제자 윤증이 아버지인 윤선거(尹宣擧)의 묘갈명(墓碣銘)을 써달라고 송시열에게 부탁했는데 송시열이 아주 성의 없이 써버린 데서 시작되었다. 여기에는 연유가 있었는데 윤선거는 병자호란 시기 강화도가 청나라 군대에 함락될 때, 하인으로 변장을 하고 도망쳐 목숨을 부지한 인물이었다. 남한산성에 계신 늙은 아버지를 두고 죽을 수 없다는 것이 윤선거가 내세운 명분이었지만 성리학적인 명분론으로 똘똘 뭉친 송시열은 납득하기 어려웠을 것이다. 게다가 강화도가 함락할 때 윤선거의 아내 이씨는 목을 매어 자결했으니, 아내보다도 못한 남편이라고 공박했다. 윤선거가 과거와 관직을 포기하고, 평생 다시 결혼을 하지 않고 살다 죽었지만 그것만으로 용납하기 어려웠던 모양이다. 뿐만 아니라 송시열은 윤선거와 학문적인 견해도 크게 달랐다. 윤선거는 송시열이 사문난적(斯文亂賊)이라고 부르며 아주 싫어했던 윤휴와 친분을 유지했다. 게다가 죽기 직전에는 송시열의 학문과 정치적 견해를 비판하는『기유의서(己酉擬書)』를 쓰기까지 했다. 이렇게 되었으니 스승이라고 하지만 송시열에게 아버지의 묘갈명을 부탁했던 윤증의 기개도 대단하다 하겠다. 송시열이 사심을 가득 담아 허술한 윤선거의 묘갈명을 써내자 윤증은 이를 새로 고쳐달라고 무려 5년을 졸라댔다. 하지만 송시열도 황소고집이라 끝내 새로 써주지 않고 글자 몇 개를 고치는 시늉만 했을 뿐이었다. 이렇게 차곡차곡 쌓인 감정은 마침내 스승과 제자를 원수로 만들었다. 이후로 윤증은 송시열의 사상과 이론에 정면으로 맞서 비판했고, 그의 주장이 잘못된 것이라는 장문의 글을 써내었는데 이것이『신유의서(辛酉擬書)』이다.

이로써 '회니시비'가 시작되었다. 이 명칭은 송시열이 살던 곳이 회덕(懷德)이었고, 윤증이 살던 곳이 이성(尼城)이었기에 그 첫 자를 따서 회덕과 이성이 잘잘못을 가린다, 라는 의미를 담고 있다. 그러나 실제로는 송시열과 윤증 간의 개인적 감정의 앙금이 직접적인 도화선으로 작용했다. 이 사건을 계기로 서인은 송시열의 노론과 윤증의 소론으로 분열되었고, 당쟁은 한층 더 복잡하고 첨예하게 진행되었다. 숙종 42년 7월에는 왕이 직접 이들 사제(師弟)가 어째서 갈라서게 되었는지의 연유를 물어보고, 사건의 원인이 되었던 윤선거의 묘갈명과 윤증의『신유의서』를 구해볼 정도였다. 자초지종을 살펴본 숙종이 "『신유의서』는 송시열을 비난하는 내용이 많지만, 묘갈명에는 윤선거를 욕하는 내용이 없다"며 송시열,

즉 노론의 손을 들어주었다. 이는 그 이전 5년 가까이 아버지의 묘갈문으로 속을 태웠던 윤증의 처지를 생각하면 조금 부당한 평가일 수도 있겠다. 실제로 『신유의서』는 속에서 천불이 난 사람이 아니고서는 쓰기 어려운 문장이 가득한데 한 구절을 인용하면 다음과 같다.

> 선생은 자신이 주자의 도라고 스스로 믿고 있으나 자기주장이 지나쳐 자기만 옳다고 생각하는 자만심이 너무 높습니다. 따라서 자기에게 찬동하는 자는 좋아하고 반대하는 자는 배척하니, 선생이야말로 인덕이 부족한 사람입니다. 또 선생이 퇴계(退溪)를 평가하기를 강직한 점이 부족하다고 하였는데 선생은 너무 강직한 데만 기울어져 있음을 자신도 모르고 있습니다. 그러나 선생의 강(剛)은 사욕을 이기려는 강이 아니고, 힘으로 남을 억누르는 강이어서 인애(仁愛)가 없습니다. 선생의 말과 행동의 근원은 정의를 표방하면서 이익도 버리지 않고, 왕도의 이념을 높이면서 권모술수를 따지는 겁니다.

한 구절 한 구절이 섭섭함과 분노를 씹어 삼키는 듯한 문장이다. 어쨌든 개인적인 불화로 생긴 것 치고는 당대 정치판이 두 쪽이 날 정도로 강렬한 논쟁이었다. 이 사건을 꼭 누구의 잘못이라 꼭 집어 말하긴 어렵지만 김수항이 그 문제를 화해·조정하려던 것은 사실이다.

1684년 4월, 송시열은 막내 동생에게 편지를 쓰며 "문곡(김수항)이 이번 일로 뭐라고 했지만, 응대가 잘못되긴 했어도 내가 굳이 틀린 게 아니다. 윤증의 글을 보았다면 연유를 알게 될 것"이라며 조금은 섭섭하게 말하고 있다. 뿐만 아니라 김수항은 송시열에게 다시는 남의 비문 같은 것을 써주지 말라고 했던 것 같다. 그렇지만 "문곡이 쓰지 말라고 했지만, 어떻게 그런 훌륭한 분의 비문을 쓰지 않을 수 있겠습니까?"라고 답장을 했던 글이 송시열의 문집『송자대전』에 남아 있다. 여기에서 말하는 훌륭한 분이란 임진왜란 때 명나라와 일본을 오가며 활약했던 황신(黃愼)을 말하는 것이다.

이들의 교우관계도 1689년 4월 김수항이 진도에서 사약을 받으며 끝난다. 영의정이었다가 하루아침에 유배를 가게 된 김수항의 처지가 못내 괴로웠는지, 송시열은 귀양을 간 김수항을 걱정하는 시를 몇 편이나 지어 남겼다. 마침내 김수항의 부고가 전해지자 그 슬픔 또한 시로 적었다.

인재가 어느 시대인들 이보다 성할까	人材何代盛於斯
천지의 경륜 지사가 슬퍼한다	川止經綸志士悲
옥도의 슬픈 바람 대나무에 부니	沃島悲風吹竹樹
전후에 걸친 충성심을 하늘이 알아주리라	丹衷前後上天知

여기에서 옥도란 진도의 다른 이름이다. 그리고 천과 지는 중종 때 조광조를 모함했던 심정(沈貞)과 남곤(南袞)을 가리킨다. 이들의 호가 각각 화천(花川), 지정(止亭)이었기에 여기에서 글자를 하나씩 따온 것이다. 결국 김수항이 죽게 된 것은 간신배들 때문이라는 소리인데 슬픔을 드러내는 시조차도 송시열답게 참으로 꿋꿋하다. 하지만 송시열도 곧 죽을 목숨이었다. 그는 장희빈이 낳은 아들(훗날의 경종)을 원자에 봉하는 것에 반대하는 상소를 올렸다가

제주도로 유배되었고 같은 해 7월 24일, 서울로 압송되어 오는 도중 정읍에서 사약그릇을 받았다.

얼마 남지 않은 삶 동안 송시열은 김수항의 조문을 지으려 애썼다. 어째서 그는 죽음을 앞두고 김수항의 조문을 쓰려 했을까. 당쟁과 환국의 결과로 서인의 주요 인물들은 궤멸당했으며 반대파이던 남인들이 세력을 얻었다. 특히 송시열의 동료였던 노론 4대신 김창집, 이이명, 이건명, 조태채는 모두 사사당했다. 당장 죽는 이보다 죽은 이를 지켜보며 자신의 순서를 기다리는 쪽이 오히려 더욱 고통스러운 법이다. 아끼던 후배의 죽음을 애도하며, 그리고 시시각각으로 다가오는 죽음의 올가미를 느끼며, 송시열은 아마 처음으로 자신의 격한 성정을 원망했을지도 모른다.

죽음에는 나쁜 시간이 있고	死有惡時
좋은 시간도 있다	亦有榮時
아아, 공의 시기는	嗟公之時
내 감히 알지 못하겠네	吾不敢知之

하지만 송시열은 후회하지 않았다. 그것이 그가 사는 길이었으며, 그 시대를 살았던 선비들의 길이었던 것이다. 비록 그것이 오늘날 우리로서는 도저히 이해할 수 없을 만큼 꽉 막히고 답답한 것이라 해도. 격렬한 투쟁과 지독한 싸움은 싸우는 자의 위치에서 한 발짝만 벗어나 보면 허무한 것이지만 당사자들에게는 중요한 가치이자 이상이었다. 따라서 송시열은 죽음 앞에서도 초연하게 자신의 뜻을 고집했던 것인지 모른다.

🔖 아버지의 유훈을 어긴 김창집

아버지 김광찬만큼이나, 김수항 역시 슬하에 다복했다. 그는 부인 안정나씨(安定羅氏)와의 사이에서 아들 여섯에 딸 하나를 두었는데, 아들들은 김창집(金昌集), 김창협(金昌協), 김창흡(金昌翕), 김창업(金昌業), 김창즙(金昌緝), 김창립(金昌立)이었다. 이제까지 아들이 없어 서로 양자를 보내고 받아야 했던 안동김씨는 이로써 가계가 크게 불어나게 되었다. 김수항의 여섯 아들을 6창(六昌)이라고 했다. 비록 김창립은 일찍 죽어서 다섯만이 남았지만, 아버지 대의 3수(三壽)에 비해 두 배로 늘어난 셈이다. 그런데 김수항은 죽음을 앞두고 자식들에게 유서를 남겼다. 할아버지 김상헌에 의해 다져진 충절·문한(文翰)가로서의 전통을 계승하되 과거와 사한(史翰)을 자제하라는 것이 내용이었는데 결국 벼슬을 하지 말라는 말이었다. 평생을 당파싸움의 부침으로 시달리다 귀양을 가고 마침내 사약까지 마셔야 했던 김수항의 고단했던 삶을 생각하면 납득할 만한 유언이었다. 결국 6창은 아버지의 유언을 따른 이와 그렇지 않은 이로 나뉜다.

2남 창협과 3남 창흡, 4남 창업과 5남 창즙은 아버지의 유언대로 벼슬을 하지 않았다. 국가에서 몇 번이나 하사하는 벼슬을 모두 사양하며 산수와 더불어 자적하면서 학문에 몰두하였다. 요절했던 창립을 제외하고 저마다 문집 하나씩 냈으니, 대대로 학문을 배우고 익혀왔던 가문의 이름에는 손색이 없었던 셈이다.

반면 큰아들 창집은 아버지의 유훈에도 불구하고 대를 이어 노론의 거두로 활동하였다. 이미 25세 때 진사시에 합격했던 그는 아

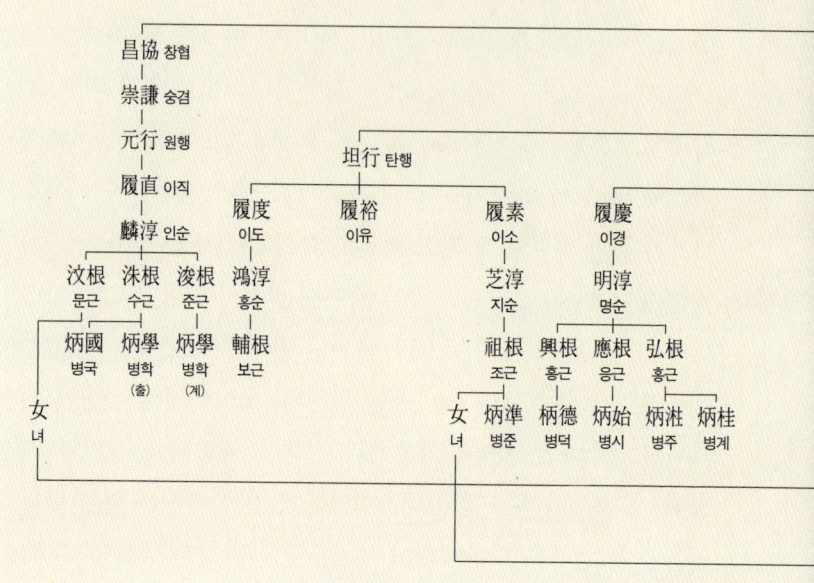

버지가 세상을 하직하기 전에 이미 이조좌랑, 병조참의의 벼슬을 맡고 있었다. 김수항이 진도로 유배되었을 때도 함께 따라가 아버지의 마지막을 지켜보았다. 아버지가 사사된 뒤 김창집은 한동안 은거에 들어갔다. 그로부터 5년 뒤인 1694년(숙종 20) 장희빈이 다시금 빈으로 강등되고, 폐서인되었던 인현왕후는 다시 중전의 자리로 돌아왔다. 이른바 갑술환국이다. 이로 인해 남인들의 세상은 끝나고, 다시금 서인들의 세상이 열렸다. 이전 남인들에게 역적

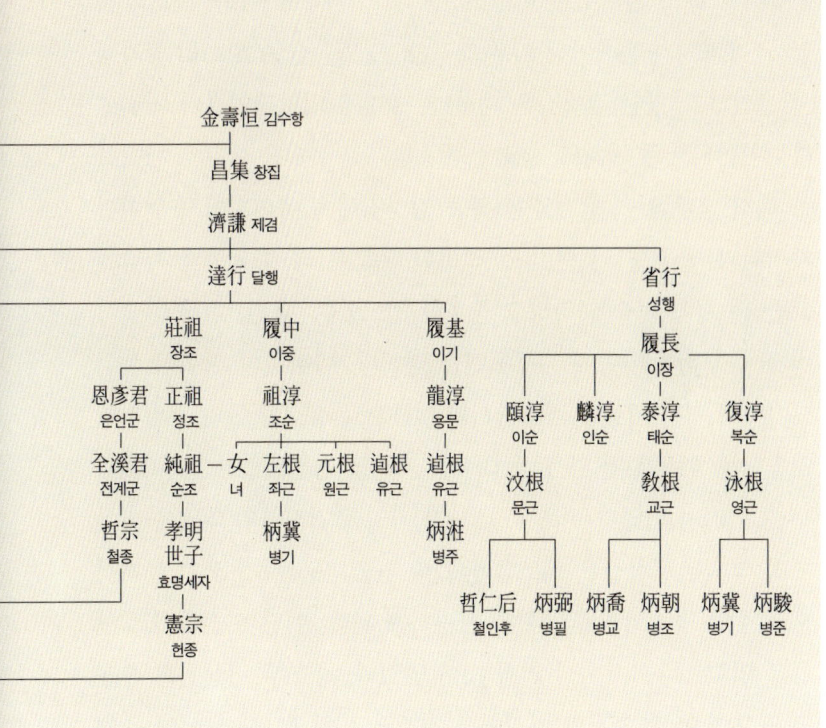

으로 몰려 죽임을 당했던 송시열, 김수홍, 김수항 등이 복권되었다. 서인들은 5년 전에 당한 기사환국의 보복을 위해 남인들을 철저하게 탄압했다. 갑술환국 후 1년 동안 사형·유배·삭탈관직당한 남인 인사만 무려 130여 명에 달할 정도였다. 사실 서인과 남인의 정권교체, 그리고 왕비의 교체 뒤에는 숙종의 조급증과 변덕이 있었다. 그러나 그를 탓하는 사람은 당시도 그렇거니와 지금도 많지 않다.

당시만 해도 김창집은 여전히 아버지의 유훈을 마음에 두고 있었다. 아버지가 돌아가신 이후 영평(永平) 백운산(白雲山)의 암자에서 은거하고 있던 김창집은 대사간, 승지에 임명되었으나 거절했다. 벼슬에 오른 뒤에도 곧잘 선계(先戒), 곧 유언을 이유로 사직하곤 해서 숙종은 거듭 사직을 하는 김창집에게 아버지의 유언이란 자식의 사정(私情)일 뿐이고, 신하된 본분이 더 중요하니 사당에 고한 뒤 계속 벼슬을 하라고 종용할 정도였다. 한편, 김창집은 아버지의 죽음이 마음에 사무쳤던 모양이다. 아버지의 신원이 복위되자마자 이전 버렸던 병조참의의 이름으로 상소를 올려 아버지의 억울함을 호소했다. 다음 해 대사간 자리를 거절했으나 철원(鐵原) 부사(府使)가 되었다. 이후로 대사간 자리를 거절하며 외직을 맡아 오길 몇 년, 김창집은 예조참판의 벼슬을 제수받음으로써 본격적으로 중앙 정계의 벼슬생활을 시작하게 된다. 이왕 벼슬하기로 마음을 먹었으니, 더 이상 거칠 것이 없었다. 증조부 김상헌의 유풍은 물론이요, 영의정의 자리에서 정쟁으로 희생당했던 아버지 김수항까지, 그가 속한 안동김씨는 서인의 명문가였다. 그리고 김창집은 아버지에 못지않을 정도로 뛰어난 명문장가였고, 그의 동생들도 마찬가지였다. 이후로도 김창집은 굵직한 벼슬들을 역임했고, 1717년(숙종 43) 영의정 자리에까지 올라 아버지와 아들이 영의정이 되는 기록을 세웠다.

일인지하 만인지상인 영의정의 자리에 올라 개인과 집안으로서는 영광이었지만 김창집은 아버지의 유언을 잘 지키지 못한 셈이었다. 그래도 김창집과 동생들 간의 우애는 돈독했던 것으로 보인다. 김창집은 청나라에 사신으로 가며 넷째 동생 김창업을 타각(打

角, 사신의 물품을 점검하는 직책)으로 동행시켰다. 이때 형제끼리 지었던 시를 모아 펴낸 책이『김씨연방집(金氏聯芳集)』이다.

김창집 역시 그의 아버지가 그랬던 것처럼 당파싸움의 폭풍을 피해갈 수 없었다. 그 시기 이미 서인은 노론과 소론으로 나뉘어 치열하게 싸움을 벌이고 있었다. 앞서 서인이 노론과 소론으로 나뉘게 된 원인을 스승 송시열과 제자 윤증 간의 다툼에서 비롯된 것이라고 말했다. 물론 그 말이 틀린 것은 아니다. 하지만 정확히 말하면 이미 깊어질 대로 깊어졌던 두 당파 간의 골이 회니시비로 결정타를 맞았던 것이다. 분당의 계기는 어디까지나 정치적인 문제였다.

1680년(숙종 6) 당시 남인 출신인 영의정 허적(許積)이 어용 장막을 사사로이 이용했던 유악남용사건(油幄濫用事件)과 서인 김석주(金錫冑)·김익훈(金益勳)이 허적의 서자인 허견(許堅)이 역모를 했다고 밀고한 탓에 벌어졌던 경신대출척이 계기가 되었다. 이 사건으로 남인이 축출되고 서인이 정권을 잡았는데 이때 남인들을 어떻게 숙청하느냐의 문제를 놓고 의견이 나뉘었고, 이것이 분당으로 이어졌던 것이다. 남인에 대한 숙청을 과격하게 하느냐 온건하게 하느냐로 노(老)와 소(小)의 차이가 갈렸으니 엄했던 것이 노론이고, 온건했던 것이 소론이었다. 숙종 9년 과격한 남인 탄압에 반대하는 입장을 취한 교리 한태동(韓泰東) 등이 김익훈을 탄핵하는 소를 올림으로 발달된 것이다. 이에 노장파 송시열 등이 소장파 한태동의 상소를 다시 반박하고 나섰고, 이로써 강경한 노론과 온건한 소론의 대립이 시작되었다. 이 대립은 송시열과 윤증의 회니시비로 격화되었고 결국 송시열 등의 노장파를 노론, 한태동 등의 소장파를 소론이라 칭하게 되었다.

이후 장희빈이 왕비 자리에서 쫓겨나면서 노론과 소론의 대립은 한층 격해졌다. 장희빈의 오빠인 장희재의 처분 문제가 발단이 되었다. 복위된 인현왕후를 해치려 했다는 혐의를 받은 그를 두고, 영의정 남구만과 일부 서인은 장희재가 세자의 외삼촌이므로 죽여서는 안 된다는 온건론을 펼쳤지만 대다수의 서인들은 그를 사형시켜야 한다고 나섰다. 장희재의 사형을 주장한 쪽은 노론이요, 처형을 반대한 쪽은 소론이었다. 이처럼 의견이 갈린 까닭은, 소론은 어쨌든 장씨의 아들인 세자가 다음 왕위에 오를 인물임을 인정했지만 노론은 이를 인정하지 않았기 때문이다. 대신 노론은 숙빈 최씨의 아들 연잉군을 지지했다. 즉 노론이 남인에 대하여 강경파라면 소론은 남인에 대해 온건파였다. 김창집은 소론의 시조랄 수 있는 윤증을 거듭 비판했고, 윤선거의 문집을 훼판할 것을 청했던 노론의 중심 인물로 갑술환국 이후부터 본격적으로 정계를 주도하였다.

한편 서인과 남인의 당쟁의 희생양이었던 인현왕후와 장희빈은 당시에 이미 이 세상 사람이 아니었지만 분란의 씨앗은 고스란히 남아 있었다. 장희빈이 궁녀들에게 사지를 붙들려 억지로 사약을 마시게 된 이후에도 그녀의 아들은 여전히 세자였고 인현왕후는 자식을 얻지 못하고 세상을 떠났다. 하지만 서인에게는 인현왕후를 따랐던 숙빈 최씨가 낳은 연잉군(延礽君, 훗날의 영조)이 있었다. 이미 세자가 결정되었지만 그 앞길이 든든한 것은 아니었다. 조선 역사에서 가장 불우한 일생을 살았던 왕자를 고르라 한다면 아마 십중팔구는 사도세자를 꼽을 것이고, 때로 소현세자나 광해군을 고르는 사람도 있을 것이다. 하지만 장희빈의 아들이었던 경종 역시 그들에 비해 더하면 더했지 결코 못하지는 않은 마음 고생을 겪었다. 자식복 없던 숙종이 처음 얻었던 아들로 강보에 싸였던 경종을 원자로 봉하기 위해 숙종은 서인 정권을 몰락시켰다. 세자로 봉해졌을 때까지만 해도 그의 인생은 순탄할 것처럼 보였다. 하지만 변덕스러운 숙종의 마음은 정권의 향방처럼 한순간에 뒤집혀버렸고, 경종은 어머니가 아버지의 명으로 살해당하는 광경을 목격하면서도 아무것도 할 수 없었다. 게다가 숙종은 세자가 조금만 실수를 해도 죄인의 아들이니 어쩔 수 없다며 폭언을 퍼부어대는 무자비한 아버지였으며, 어머니의 지지 세력이었던 남인들은 완전히 몰락했기에 이름만 세자였지 기댈 곳 하나 없었다. 세자는 마음 깊은 곳에 우울증이 쌓여갔고, 마침내 약으로는 낫지 않을 깊은 병에 걸렸다. 시름시름 앓던 그는 자식조차 남기지 못했다. 게다가 장희빈과 남인을 몰락시켰던 서인들은 세자의 즉위가 전혀 달갑지 않았다. 이미 남인들에게 마음껏 보복했던 서인들은 이제 자신들에게 돌아올 보복을 걱정해야 했던 것이다. 상대적으로 소론은 세자를 다음 왕위에 오를 인물로 인정했지만 노론은 연잉군을 숙종의 후계자로 지지했다. 실제로 숙종은 세자 자리를 바꿀 생각을 했지만 결국 성사시키지 못한 채 세상을 떠나고 말았다. 그리고 세자가 조선의 20대 왕 경종으로 즉위했다.

제3장

당쟁의 소용돌이에 휘말리다

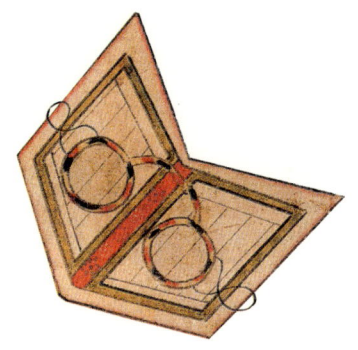

김일경의 상소로 시작된 소론의 반격

 노론으로서는 경종의 즉위가 전혀 달갑지 않았다. 하지만 별다른 명분도 없었다. 경종은 양녕대군처럼 폐적될 만큼 패악스러운 짓을 일삼은 것도 아니었고, 오히려 우울하고 조용한 성격이었다. 그러니 경종의 즉위를 막을 수는 없었지만 마음이 편할 리 없었다. 비록 힘없는 임금이지만 임금은 임금이다. 장희빈의 죽음과 관련이 있는 노론으로서는 경종이 왕위에 있는 것부터가 불안했다. 그의 아버지 숙종이 그랬던 것처럼 하루아침에 정권을 바꾸고 노론들의 권좌를 무너뜨릴 수 있었다. 게다가 경종에게는 비명에 돌아간 어머니의 원수를 갚는다는 대의명분도 마련되어 있지 않은가. 경종의 즉위를 인정할 수 없다, 혹은 경종을 몰아내야 한다는 두려움은 노론을 지배했고, 결국 이들은 왕세제 책봉을 들고 나왔다. 경종이 즉위한 다음 해인 1721년, 연잉군을 왕세제(王世弟)로 삼자는 움직임이 일었는데 이때 중심이 된 사람이 영의정이었던 김창집이었다.
 당시 경종의 나이 서른 넷, 경종의 계비 선의왕후 어씨는 열일곱의 어린 나이였다. 이들 사이에는 아직 자식이 없었다. 다른 후궁과의 사이에서도 아직 아들은 없었다. 하지만 선의왕후가 양자를 들이려 했을 때, 노론은 여기에 반대하며 경종의 이복동생이자 숙빈 최씨 소생인 연잉군을 다음의 왕으로 건의한 것이다. 자식이 없었던 것은 확실히 문제였지만 그렇다 해도 왕이 자식을 얻을 수 없다고 단정 지은 노론의 건의는 불손한 것이었다. 이 사건이 노론과 소론의 갈등을 초래하고, 옥사로 번진 것은 어쩌면 필연이었다. 노론의 건의에 가장 크게 반대한 쪽은 선의왕후와 그 친정이었다. 사실상 아이를 낳을 수 없는 사람으로 취급해버렸으니 화가 나지 않을 수 없었을 것이다.

하지만 경종으로서는 당시 조정을 장악하고 있던 노론을 거부할 힘이 없었다. 결국 노론의 중심인물로 활약하던 영의정 김창집, 좌의정 이건명, 판중추부사 조태채 등이 경종 원년 8월에 세자를 책봉하라는 건저(建儲)를 청하여 연잉군을 왕세제로 책봉하였다. 이에 대해 소론의 강경파 유봉휘(柳鳳輝)가 경종의 나이가 아직 젊으므로 벌써 왕세제를 정하는 것은 시기상조라고 반대하는 상소를 올렸으나 왕세제 책봉을 막지는 못했다.

결국 8월에 연잉군은 왕세제로 봉해졌는데 노론은 여기에서 한 술 더 떠 경종 원년 10월에 사헌부 집의 조성복(趙聖復)을 내세워 왕세제가 왕을 대신해 대리청정할 것을 청했다.

이를 주도한 쪽은 물론, 김창집, 이이명(李頤命), 조태채(趙泰采), 이건명(李健命) 등 노론 4대신이었다. 왕의 자존심을 바닥까지 긁어내리는 것이었으니, 경종을 지지하던 소론들이 들고 일어나는 것도 무리는 아니었다. 그러나 경종은 화를 내지 않고 오히려 비망기를 내림으로 이를 선선히 받아들였다.

> 내가 병이 있어 회복의 기미가 없고 만기를 친람하기 어려우니 모든 정무를 세제가 처리하도록 하라.

이는 노론이 주장한 세제 참정보다 한 발 더 나아간 것이었으니, 사실상 양위선언과 같았다. 경종의 본심이 어떤 것이었는지는 알

김창집과 이이명 노론 4대신으로 불린 김창집(좌)과 이이명(우)의 초상.

수 없다. 하지만 대리청정을 둘러싸고 노론과 소론의 대립은 더욱 날카로워졌고, 마침내 정면승부로까지 치달을 지경이 되었다. 게다가 경종은 대리청정을 시행하라는 명령을 내렸다가 다시 반대 의견을 듣고 못 이기는 척 철회하기를 여러 차례 반복했고, 왕의 진정한 마음을 알 수 없는 상황에서 신하들의 대립은 심화되었다.

얼핏 보면 경종의 우유부단함이 빚어낸 결과처럼 보이지만 실제로는 고도로 복잡한 정치적인 계산이 빚어낸 결과였다. 우선 노론 원로들인 영의정 김창집, 영중추부사 이이명, 판중추부사 조태채, 좌의정 이건명 등이 연명으로 상소를 올려 숙종 당시 경종이 세자로서 대리청정을 했던 전례에 따라 대리청정에 관한 절목을 마련했다. 이들이 연잉군의 대리청정을 지지했던 것은 물론이다. 하지만 같은 날 한밤중에 대간의 탄핵을 받아 성 밖으로 물러나 있던

● 3. 당쟁의 소용돌이에 휘말리다 ●

조태채와 이건명 왕세제였던 연잉군의 대리청정을 청하며 정국을 주도했던 조태채(좌)와 이건명(우)의 초상.

우의정 조태구가 궁궐에 들어와 경종을 만났다. 조태구는 소론의 일파였다. 결국 노론과 소론의 주요 관료들이 함께 모여 앉은 자리에서 조태구는 대리청정을 극력 반대했고, 경종은 대리청정을 철회했다. 이날의 결정은 경종이 소론의 손을 들어주었음을 뜻했고, 이를 계기로 소론은 노론에 대해 공격을 더욱 강화했다.

이런 기세에 쐐기를 박은 것이 소론 중에서도 급진파였던 김일경의 상소였다. 사직(司直)의 자리에 있던 김일경(金一鏡)·박필몽(朴弼夢)·이명의(李明誼)·이진유(李眞儒)·윤성시(尹聖時)·정해(鄭楷)·서종하(徐宗廈) 등이 상소했다.

임금의 형세는 날로 외롭고 흉한 무리는 점점 성하여 다시 군신(君臣)의 분의(分義)가 없으니, 사직(社稷)이 빈 터가 되는 것은 다만 다

109

김일경 단소 연잉군의 대리청정을 극렬히 반대했던 소론 김일경의 단소.

음에 있을 일일 뿐입니다. 전일의 일은 종사(宗社)에 망극(罔極)하니, 천고(千古)로 거슬려 올라가도 듣지 못한 바이며 국사[國乘]에도 보지 못한 바입니다. 오늘날 조정 신하가 진실로 전하께 북면(北面)하는 마음이 있다면 모두 대궐 뜰에 엎드려 머리를 부수고 간(肝)을 가르며 비록 해와 달을 넘길지라도 차마 갑자기 물러갈 수 없는 것이 곧 하늘과 백성의 그만둘 수 없는 떳떳한 도리입니다. 그런데 복합(伏閤)·정청(庭請)으로 겨우 책임이나 면하고 3일 만에 연명(聯名)으로 차자(箚子)를 올려 마음대로 재정(裁定)하고는, '신자(臣子)가 어찌 감히 가볍고 갑작스러움에 구애받아 한결같이 모두 어기고 거역하겠습니까?'라고 하였고, 또 말하기를 '빨리 유사(有司)로 하여금 절목(節目)을 거행하도록 하소서'라고 하였으니, 이것이 어찌 인신(人臣)으로서 감히 마음속에 품었다가 입 밖에 낼 수 있는 것이겠습니까?

아! 대리청정(代理聽政)의 일은 대(代)마다 항상 있는 것이 아니고 간혹 있으며, 모두 수십 년을 임어(臨御)하여 춘추가 많고 병이 중한 뒤에 진실로 절박하고 부득이한 데서 나온 것입니다. 지금 전하께서는 즉위하신 원년에 보산(寶算)이 바야흐로 한창이시고 또 드러난 병환이 없으십니다. 조정에 있는 신하들이 전하를 복종해 섬긴 세월이 얼마나 됩니까? 그런데 도리어 오늘날 차마 전하를 버리려는 자가 있으니, 저들의 마음이 편한지를 알지 못하겠습니다. 중외의 여정(輿情)이 물결처럼 흔들려 놀라고 솥에 물이 끓어오르는 듯하여 모두 저 정승을 가리켜 말하기를, '이는 참 역(逆)이다. 어찌 우리 임금을 버리는가?'라고 하고 있습니다.

이때 소론이 상소를 올리면서 첫 번째 표적으로 공격한 사람은 당시 영의정 자리에 있던 김창집이었다.

김창집은 고(故) 영의정 김수항의 아들입니다. 김수항이 기사년에 죽으면서 그 아들에게, '권요(權要)의 자리는 힘써 피하라'고 경계하였는데 김창집은 태연하게 소홀히 여겨버리고, 외람되게 영상(領相)의 자리를 차지하여 권세를 탐하고 즐기며 제멋대로 방자하게 굴었습니다. 아들이 되어서 불효함이 이미 이와 같았으니, 신하가 되어 불충함은 참으로 당연한 것입니다.

… 엎드려 원하건대 특별히 밝은 명령을 내리시어 빨리 상형(常刑)을 거행하시되 적신(賊臣) 조성복과 사흉 등 수악(首惡)을 일체 삼척(三尺)으로 처단하여 조금도 용서하지 마소서. 승정원과 삼사(三司)에서 임금을 업신여기고 무엄하게 군 죄도 아울러 징토(徵討)를 더하시어 군신의 대강(大綱)을 세우고, 이 백성의 상륜(常倫)을 세워 흉적(凶賊)으로 하여금 감히 다시 일어나지 못하게 하고, 충성된 뜻으로 스스로 힘쓸 수 있게 하소서.

『경종실록』 1년 12월 6일

이런 사실로 본다면, 세상을 떠난 김수항이 벼슬을 하지 말라고 유언했던 것은 당시 선비들 사이에서도 널리 퍼진 이야기 같다. 아버지의 유언을 지키지 못했다는 점에서 김창집은 불효를 저지른 셈이었고, 당시 효와 충을 최고의 덕목으로 생각했던 선비들 사이에서 가장 몹쓸 일을 행한 셈이었다. 결국 세제책봉과 대리청정을 주장한 이들은 경종에 대한 불경·불충으로 간주하여 처벌할 것을 주장한 것이다.

그리고 어쩌면 이것이야말로 경종의 본심이었을 것이다. 김일경의 상소를 본 경종은 김창집을 비롯한 노론 4대신을 귀양 보내어 위리안치시키고 수십 명에 달하는 노론 인사들을 대거 처벌했다. 이때 김창집은 거제도로, 그의 아들 김제겸(金濟謙)은 울산(蔚山)으로 귀양 갔다. 다음 해인 1722년 3월 27일에는 목호룡(睦虎龍)이 노론 명가의 자식들이 숙종 말년에 세자(경종)를 칼이나 독약으로 시해하려 했다고 고변했다.

그렇지 않아도 팽팽해져 있던 분위기가 이 사건으로 폭발하는데

● 3. 당쟁의 소용돌이에 휘말리다 ●

여기에 연루된 명가의 자제들은 김창집의 손자 김성행(金省行), 이이명의 아들 이기지 등이었다. 아무래도 음모의 냄새가 짙게 나지만 관련자들은 국청을 받고 극심한 고문을 당한 끝에 자신들의 죄를 인정하거나 혹은 억울함을 호소하며 죽어갔다. 이후의 실록에서는 김창집의 이름 앞에 역적이라는 두 글자를 붙였다. 이 해 5월 소론의 세력인 조태구와 최석항이 김창집과 이이명을 죽일 것을 청하자 경종은 이를 허락하였다. 거제도에 귀양 가 있던 김창집은 손자의 역모에 대한 심문을 위해 압송되던 중 성주에 이르러 사약을 받았다. 죽음을 앞두고 김창집은 시종인 김신겸(金信謙)을 돌아보면서 이렇게 말했다.

　내가 세제(世弟)의 안위(安危)를 알 수가 없으니, 이것이 한이 될 뿐이다.

　노론의 몰락은, 그들이 지지했던 연잉군의 지위가 위험함을 뜻했다. 다행히 그는 무사히 살아남아 영조가 되지만 그 당시에는 연잉군 역시 언제 역도의 도당으로 몰려 죽을지 알 수 없는 위태로운 상황이었다. 마지막까지 현 왕인 경종이 아니라 연잉군을 따른 것은 조선의 당쟁이 어느 정도까지 치달았는지를 알 수 있게 한다.
　사약을 받은 김창집은 뜰 아래로 내려가 왕이 계신 북쪽을 향하여 네 번 절을 하고, 전지(傳旨)를 들은 뒤 또 네 번 절하고 드디어 사명(死命)을 받았는데 이때 나이가 75세였다. 이후 아들 김제겸 역시 사사되었으며 김창집의 가솔들은 7군(郡)으로 나뉘어 유배되었다. 국청에서 처단된 사람들 가운데 참형을 받은 자가 20여 명이고 장사(杖死)된 자가 30여 명이었으며, 그 밖에 그들의 가족으로 체포되어 교살된 자가 13명, 유배된 자가 114명, 스스로 목숨을 끊은 부녀자가 9명, 연좌된 자가 173명에 달했는데, 이것이 신임사화(辛壬士禍)이다. 특히 김창집은 아들 제겸을 비롯하여 손자인 성행(省行), 탄행(坦行)까지 유배되어 죽음을 당하는 등 3대가 화를 입었으며, 집을 부수고 그 자리를 파서 연못을 만드는 파가저택(破家瀦宅) 처분을 받았으니 철저하게 반역자로 처리된 셈이었다. 영조가 즉위한 뒤 다시 신원이 회복되고 복작되기는 하지만 이 일은 안동김씨 가문의 역사에서 가장 참혹한 사건이었다.

끝으로 『경종실록』은 실록과 수정실록이 있다. 전자의 것이 소론의 입장에서 쓰였다면, 후자의 것은 노론의 입장에서 쓰였다. 그래서인지 같은 사람과 사건의 평가가 극명하게 다르다. 김창집과 그 자식들의 기록이 대표적인 경우로 간단히 비교해본다면 다음과 같다.

김창집(金昌集)은 사람됨이 거칠고 사나우며 어리석고 경솔했으며 학식(學識)이 전혀 없었다. 김수항이 죄도 없이 기사년에 죽은 뒤로 유언(遺言)이 있다고 일컬으면서 현관요직(顯官要職)을 두루 거치며 권세를 탐하고, 성색(聲色)으로 호사를 누리며 조금도 화(禍)를 입은 집 자제(子弟)로 자처(自處)함이 없이 제멋대로 하여 꺼림이 없었다. 게다가 그 아들 김제겸(金濟謙)은 이익을 좋아하며 교만하고 패리(悖理)한 것 때문에 세상 사람들이 모두 조만간에 실패를 당할 것을 알았지만 그는 바야흐로 태연스레 있으며 깨닫지 못하였다.

『경종실록』 2년 4월 17일

● 3. 당쟁의 소용돌이에 휘말리다 ●

이처럼 『경종실록』의 신랄한 내용에 비해, 『경종수정실록』의 평가는 훨씬 온건하다.

김창집은 침착하고 굳세어 대절(大節)이 있었다. 젊어서 을과(乙科)로 급제(及第)하여 숙종 말년에 영의정에 임명되었다. … 삼가 살펴보건대 김창집(金昌集)의 대절(大節)은 옛날의 명신(名臣)이라 할지라도 따를 수 없다. 세상에서는 모두 영종(英宗)이 저위(儲位)에 오른 것을 김창집의 공로라 하고 있다. 그러나 신은 정유년(丁酉年) 독대(獨對)가 있은 뒤 인심이 의구(疑懼)스러운 때를 당하여 김창집이 입대(入對)해서 동궁(東宮)에게 대리시켜야 한다는 의논을 진달하였기 때문에 김창집이 경종(景宗)을 보우(保佑)한 그 공은 더욱 크다고 여긴다. 『실록(實錄)』의 구본(舊本)에는 "이이명·김창집이 패몰된 뒤에 성궁(聖躬)이 편안해졌다" 했으니, 또한 거짓이 아니겠는가?

『경종수정실록』 2년 4월 18일

여기에서 말하는 구본이란 당연히 수정하기 전의 『경종실록』이다. 똑같은 사람의 평가가 이처럼 극과 극을 달리게 된 것은 역시 당파 간의 대립 때문일 것이다.

경종으로서는 김창집을 비롯한 노론 인사들이 어머니 장희빈을 몰아내고 결국 죽게 만든 장본인이었다. 이미 즉위하기 전부터 경종의 주변에는 반대파만이 그득했고, 즉위한 뒤에도 정권을 잡고 있는 쪽은 노론이며 경종은 이름뿐인 왕이었다. 게다가 노론은 즉위한 경종을 왕으로 인정하는 게 아니라 벌써부터 다음에 즉위할 왕을 들먹이고 있었다. 게다가 연잉군의 왕세제 책봉은 마치 경종이 영원히 자식을 가지지 못할 것처럼(실제로 그렇게 되었지만) 확정하는 것이나 마찬가지인 조치였다.

이렇게 얽히고설킨 악연은 단순히 경종과 김창집 사이에만 있었던 게 아니라 당시 당파와 정쟁에 연루된 사람 누구나 가지고 있었을 것이다. 그 결과는 피비린내 나는 옥사로 불거졌고, 많은 이들이 그렇게 죽어갔다.

『경종실록』이 김창집에 대해 많은 원색적인 비난을 쏟고 있는 것도 이들 사이에 얽혀 있었던 악연 때문일 것이다. 하지만 김창집에게도 할 말이 없는 것은 아니었다. 그는 존경하던 스승인 송시열과 사랑하는 아버지가 비명에 가는 것을 목도했다. 평생을 나라에 충성을 바쳤건만 돌아온 보답은 이와 같았고 독을 마신 아버지의 유언은 벼슬을 하지 말라는 것일 정도로 참담했다. 그 말대로 벼슬을 하지 않으려고도 했지만 결국 지키지 못했고 당쟁의 바람은 그 어느 때보다도 세차게 불고 있었다. 김창집으로서도 아버지와 같은 전철을 밟고 싶지 않았을 것이다.

당시 정권이란 그저 권력과 부를 잡았다는 정도가 아니라 그것을 놓는 순간 죽음을 의미했던 것이다. 왕이 누구의 손을 들어주느냐에 따라 벼슬이 바뀌고 사람이 죽고 사는 상황에서는 다음의 왕이 어떻게 되느냐에 촉각을 세울 수밖에 없었다. 노론에게 자신들을 지켜줄 왕은 영조이지 경종이 아니었다. 김창집은 형제가 많은 집안의 장남이자 틀림없는 효자였다. 아버지가 귀양을 가던 길에 동행을 하고, 그 마지막 길을 지켰다. 이후 죄인의 아들로서 벼슬을 버리고 은거하다가 다시금 정치판에 뛰어들게 된다. 그리고 자신의 아들, 손자들에게 자신처럼 부모를 잃는 아픔을 주고 싶지 않앉을 것이다. 결과적으로 김창집은 가문의 화를 불러왔지만 그것이 그의 잘못이라고만 할 수 있을까? 결국 당파싸움에 휘말려 김수항으로부터 무려 4대가 몰살당하는 비운을 겪게 되었지만 안동김씨 가문이 새롭게 일어서는 계기를 마련한 이 역시 당파싸움 끝에 참살당했던 김창집의 4대손인 김조순이었다. 이제 정조의 즉위와 함께 안동김씨의 역사는 새로운 국면을 맞게 된다.

가학을 유지하라

조선시대에는 문음(門蔭)이라는 제도가 있다. 고려시대의 음서와 비슷한 것인데 부모나 일가친척이 높은 벼슬에 있으면 과거를 거치지 않고도 벼슬을 얻을 수 있는 일종의 특례조치였다. 조선시대 양반이 관리가 되는 길은 세 가지가 있었다. 첫 번째는 과거에 급제하는 것이고, 두 번째는 학식과 인품이 뛰어나다고 천거를 받는 것이며, 세 번째가 바로 이 문음이었다. 하지만 문음을 통해 벼슬이 된 사람은 현감 정도의 벼슬만을 할 뿐 정승이나 높은 자리에 올라서지 못했다. 아버지가 훌륭하다고 아들까지 훌륭하리란 법은 없기 때문이다.

조선시대 공무원 시험이었던 과거가 많이 타락해서 학연과 지연에 얽매이고, 대리시험자가 있는가 하면 정말 실력 있는 사람이 오히려 낮은 등급에 매겨지거나 떨어지는 병폐가 없었던 것은 아니다. 하지만 자자손손이 모두 문과에 급제하는 것은 지극히 어려운 일이었다.

안동김씨의 주요 인물들은 모두 자신들의 글을 묶은 문집을 하나씩 가지고 있었다. 2상인 김상헌과 김상용은 물론 3수인 수증·수흥·수항의 형제, 그리고 그 아들들인 6창들마저도 각각 자신의 문집을 가지고 있었고, 18세의 나이에 요절했던 김창립까지도 장문의 글을 지어두고 있었다. 문집이란 저자가 생전에 글을 모아 편집하거나 아니면 죽은 뒤 후손들이 남겨진 글을 정리해서 내는 것이 보통이었다. 시나 글, 또는 죽은 친구와 친척들의 묘지문이나 제문, 관직을 거친 사람이라면 왕에게 올렸던 글들을 모아 싣곤 한다. 인쇄술이 미비하고 종이가 비쌌던 예전에는 책을 하나 만든다는 것이 보통 일이 아니었다. 이것은 쓴 글이 그만큼 많다는 것이며, 이것을 책으로 묶어 편집을 해낼 수 있을 정도로 인력 및 재력을 보유하고 있다는 것을 의미한다.

훌륭한 부모 밑에 그만한 자식이 반드시 나온다는 보장은 없다. 하지만 가풍이라는 것은 분명 있었다. 진심으로 조상과 부모들을 존경하고, 그들을 욕되게 하지 않기 위해 자신을 가다듬고 열심히 노력하는 안동김씨 가문의 사람들이 거듭 높은 벼슬자리에 오르게 된 것은 한 개인의 행운이나 노력 때문이 아니라 가문의 많은 구성원들이 열심히 길을 닦고 노력한 끝에 이뤄낸 결과로 보아야 한다. 그만큼 깊고 두터운 학문의 바탕이 있기에 가능한 일이었다.

안동김씨의 가학은 두 갈래의 흐름으로 파악된다. 우선 삼연(三淵) 김창흡과 농암(農巖) 김창협 이후로 문학을 중시하는 학풍, 그리고 김원행(金元行)과 김양행(金亮行) 이후로 주자학의 정통을 차지한 낙론(洛論)의 성리학적 학풍이 그것이다. 그러나 영조 대 이후 조선사회의 변화와 함께 성리학적 명분론의 사회적 지도력이

● 3. 당쟁의 소용돌이에 휘말리다 ●

김창흡, 김원행 김창흡은 문학을 중시했고, 김원행은 주자학의 정통을 이었다. 이 모두 안동김씨의 가학이었다.

약화되면서 의리지학(義理之學)이 중심이 되는 성리학의 쇠퇴는 노론·소론·남인·북인의 모든 학파에 공통적 현상으로 드러났다. 각 학파의 학문적 연원의 차이나 정치적 입지와 교유 범위의 차이에서 비롯하는 학문적 경향성의 다양한 차이는 있었지만 전통적인 학풍에서 벗어나 새로운 것을 추구하는 분위기는 동일했다.

안동김씨는 김상헌 이후 대대로 학자를 배출하였으며 특히 김수항의 여섯 아들 가운데 김창흡과 김창협이 송시열과 이단상 등의 정통 성리학의 학문을 계승하고, 숙종 대 후반 이후 학계와 문단을 이끌어가는 주도적인 역할을 하였다.

이들의 후예들은 영조 대에는 김원행(김창협의 손자)과 김양행(김창업의 손자) 등이 산림학자로서 노론정파와 노론학계를 지도하면서 서울 인근 경화사족의 핵심이 되었다. 이들은 조선 성리학계의 이른바 '호락논쟁(湖洛論爭)'을 벌일 때 낙론을 이끄는 핵심적 세력이 되어 집안의 학문적 명성을 더욱 높였다.

노론의 핵심이었던 안동김씨는 영조의 탕평정치가 척족의 전횡을 불러왔다고 보고 근본적으로 탕평에 반대하는 입장이었다. 남당·북당의 경주김씨·풍산홍씨 양 척족의 전횡을 모두 비판하는 이른바 '청론(淸論)'을 표방하였으며 김원행과 김양행 두 사람이 여론을 주도하였다. 이 과정에서 정조의 탕평을 어떻게 평가하는가에 따라 청론사류 사이에 시파(時派)와 벽파(僻派)가 분립되었다. 안동김씨 일문은 벽파에 비해 다른 정파에 상대적으로 유화적인 시파의 입장을 취하였다. 좌의정을 역임한 김이소(金履素)는 정조의 사도세자 추승 노력에 남인과 협조하였던 노론 시파의 영수였으며 김원행의 제자였던 서유린 등도 시파의 핵심적인 인물이 되었다.

세도정치의 시작

경종 때 벌어진 신임사화로 안동김씨 4대가 몰락한 일은 엄청난 타격을 가져다주었다. 이후로 한동안 안동김씨 가문 사람들이 정치의 전면에 나서는 일은 드물어졌다. 하지만 그렇다고 해서 이들 가문이 완전히 역사의 저편으로 사라진 것은 아니었다. 이미 2상을 거쳐 6창으로 번성한 가계는 수많은 후손들에게 이어졌고, 그만큼 다양한 인재들을 배출했다. 정치계에 직접적으로 나서지 않는 대신 안동김씨는 유학자들을 배출함으로써 조선 후기 사상계를 장악했다. 비록 송시열의 사후 산림정치가 끝났다고는 하지만 노론의 명문이자 성리학을 가학으로 삼았던 안동김씨는 여러 학자들을 배출하여 가문의 명망을 이어나갔다.

수십 년이 지나 정조가 왕위에 올랐다. 개혁군주 정조는 왕권강화를 위해 수많은 인재를 찾아 자신의 친위학자로 양성했다. 정약용, 이상황을 비롯한 많은 젊은 학자들이 당파와 상관없이 정조의 곁으로 모여들었으며 왕과 돈독한 관계를 통해 새로운 나라를 꿈꾸었다.

정조는 자신이 아끼던 신하들 중 한 사람을 골라 자신의 사돈으로 선정하고자 했는데 그가 바로 안동김씨 김조순이었다. 이것이 이후로 수십 년간 이어진 안동김씨의 세도정치의 시발이 되리라고는 정조도, 김조순 자신도 상상하지 못했을 것이다. 정조가 바라던 나라는 군사(君師)의 나라였다. 이를 위해서 학문기관인 규장각을 설치했으며, 왕의 군대인 장용영을 설립했고, 당파와 신분을 가리지 않고 많은 인재를 양성했다. 하지만 그 같이 웅대한 꿈도 그의 죽음과 함께 꿈결처럼 흩어져 날아가버리고, 그가 평생을 걸쳐 일궈냈던 모든 것이 산산히 부서져 버렸다.

정조 사후, 정조에 대한 복수심에 불타는 정순왕후 김씨와 벽파들은 정조가 아끼던 사람들을 내치고 죽이기까지 했다. 김조순은 정조가 아낀 신하이자 그의 예비 사돈이었기에 가장 큰 표적이 될 위태로운 상황이었다. 그러나 김조순은 숨을 죽이고 목소리를 낮춤으로써 벽파의 무서운 칼날 아래에서도 무사할 수 있었다. 그리고 벽파가 일으킨 짧은 폭풍이 가라앉는 순간, 김조순은 마침내 정권을 틀어쥐었다. 이것이 60년 안동김씨 세도정치의 시작이다. 세도정치(世道政治)란 원래 '정치는 널리 사회를 교화시켜 세상을 올바르게 다스리는 도리' 라는 뜻이다. 하지만 이때부터 세도정치는 '세도정치(勢道政治)'가 되어 그 의미가 변질되기 시작했다.

서울의 양반, 김조순

정조는 세종만큼이나 인기가 있는 조선의 임금이다. 그가 살았다면, 조금 더 오래 살았더라면 이 나라의 역사가 바뀌었으리라고 생각한 사람이 얼마나 많았던가. 하지만 그가 다스리던 시대는 오히려 그 어느 때보다도 어려웠다. 정조 시기는 많은 변화의 시대였다. 이 시기를 기점으로 이제까지의 주자학의 기세가 꺾이고, 실학으로 대표되는 다른 다양한 학문들이 나타나기 시작했다. 이는 곧 산림의 쇠퇴를 뜻한다. 이제 초야에 묻혀 나라와 정치에 영향력을 끼치던 지방의 학자들은 그 힘을 잃고, 서울에서 살고 있던 양반들은 자신들의 세력권을 구축하게 된다. 문벌, 혹은 족벌정치로서의 첫발이었고 이것은 결국 세도정치로까지 발전하게 된다.

그 이전에 조선의 정치를 얼룩지게 만든 것은 당파싸움이었다. 영조와 정조는 이 폐해를 줄여보고자 탕평책을 실시하여 당파 간의 균형을 잡으려고 했다. 하지만 탕평책의 성과는 사실 미미하였고, 폐해를 없애기 위한 방법이라는 것이 다른 당이 서로 번갈아가며 권력을 잡는 것이었다. 오히려 탕평을 위해 뒤바뀌는 정국은 혼란과 불평불만을 초래했을 뿐이다. 이렇게 되니 한 당이 어떤 정책을 실시해도 다음 당이 정권을 잡으면 흐지부지되고 만다. 교체가

거듭될수록 많은 사람들이 왕에게 불신을 가질 수밖에 없었다.

결국 영조는 지친 나머지 집권 후반기에는 외척에 기대어버렸고, 이것은 또 다른 권력투쟁을 불러왔다. 영조의 계비였던 정순왕후의 친정 경주김씨와 혜경궁 홍씨의 친정 풍산홍씨는 높은 벼슬을 독점하며 정권을 다투었고, 사도세자를 비롯한 많은 희생이 따랐다.

김조순은 이제까지의 안동김씨 가계를 잇는 후손이었다. 김창집의 아들 제겸에게 다섯 아들이 있었는데, 이중 넷째인 김달행(金達行)에게 아들이 셋 있었다. 그중 둘째인 김이중(金履中)의 아들이 바로 김조순이었다. 비록 증조할아버지들이 역모죄를 쓰고 참살당했다고는 하지만 정권이 바뀌면서 모두 복권되었으며, 김조순은 이미 그들이 죽은 뒤에 태어났기에 어엿한 노론 명문가의 자손으로 자라났다. 김조순은 어린 시절부터 친척들은 물론 아버지와 백부 김이기를 스승으로 모셔 사대부 자제로서 교육을 받는 한편 가문의 정치적인 입장마저도 고스란히 물려받았다.

김조순의 길을 결정했던 쪽은 그의 스승이었다. 이전 김수항이나 김창집 형제들을 본다면 모두 시골에 내려가 학자에게서 가르침을 받았다. 이로써 주자학의 가계가 지켜진 것은 물론이다. 하지만 김조순은 서울에서 스승을 얻었다.

어린 시절의 스승은 이사문(李思問)이었고, 시를 배웠던 것은 김홍운(金弘運)이었다. 이중 이사문은 김조순의 부친 김이중의 친구였으며, 박지원 등과도 교류하였던 학자로 청대의 고증학 등 사학(史學)에 정통하였으며, 김홍운으로부터는 '신시(新詩)'라고 일컫는 창신적 시문을 두루 배웠다. 이를 통해 김조순은 철저히 서울을

123

김조순 정조의 총애를 받은 김조순은 아이러니하게도 안동김씨 세도정치의 기틀을 마련한다.

기반으로 활동했음을 알 수 있다. 특히 김조순은(비록 그가 정조에게서 각별한 총애를 받았다는 점도 생각해야겠지만) 단 한 번도 지방의 외직을 하지 않고 서울에서 생애를 보냈던 서울의 양반이었다.

외척의 발호로 가장 큰 고통을 겪었던 정조였다. 아버지 사도세자의 죽음에 외할아버지인 홍봉한이 관여했거나 최소한 도와주지 않았다는 사실은 분명했고, 작은 외할아버지인 홍인한은 정조의 대리청정을 극심히 반대하는 정적이었다. 하지만 마침내 왕으로 즉위한 정조는 할아버지의 탕평책을 이어받는 한편 청류를 중심으로 인재를 등용했다.

김조순이 정조에게 각별히 주목을 받은 이유 중 하나는, 그의 처신 때문이었다. 그의 선조(김수항, 김창집, 이후 2대의 선조)는 줄줄이 당파싸움에 몰려 희생당했었다. 부모의 원수를 철천지원수라고 하는데 조상의 원수라 해도 다를 게 없었다. 그리고 이런 물고 물리는 관계가 당쟁과 환국의 원인이 되었다는 것은 이미 앞에서도 살펴본 바다. 하지만 김조순은 자신의 선조와 관련된 원한은 그다지 없었다. 몇 대 선조의 일이기도 하거니와 이미 국가 차원에서 복권이 되었기 때문이다. 김조순은 원한은 이제 끝났다고 생각하고 있었다.

 더군다나 김조순은 정치적으로 시파에 속했다. 사도세자의 죽음을 동정하는 입장이었던 것이다. 이것 역시 정조가 그를 주목한 중요한 이유였다. 조선시대는 우리가 아는 것과 달리 절대 왕권이 아니었다. 오히려 신하들의 도움이 없으면 왕이라도 정권을 이어나가는 것이 어려웠다. 노론이 많은 폐단을 일으키고 사도세자를 죽음으로 몰아넣는 데 한몫했다는 문제가 있었지만 여전히 가장 강력한 힘을 가진 당이었다. 김조순은 그런 노론 중에서도 가장 중심축을 이루는 명가 안동김씨의 후손인 데다가 사도세자에게 동정적인 시파였다. 정조 입장에서 같은 편으로 끌어들이기에 이보다 더 좋은 대상이 또 있었을까?

 1785년(정조 9) 김조순이 나이 21세로 문과에 급제하자 정조는 김조순의 원래 이름인 '낙순'을 '조순'으로 바꾸어 내리고 '풍고'라는 호까지 지어주었다. 이처럼 정조가 김조순에게 관심을 가지고 극진히 대한 것은 우선 그의 집안 덕일 것이다. 김상헌 대부터 노론의 명가로 내려오는 그를 자신의 기반으로 흡수할 수 있다면

김조순 묘 순조의 장인이 되어 안동김씨의 시대를 연 김조순은 우리의 생각과 달리 온화하고 너그러운 성품을 지녔다고 한다.

많은 도움이 될 것은 당연지사였다. 정조는 즉위한 지 얼마 되지 않았을 때인 1778년(정조 2), 조정의 반대를 무릅쓰고 김창집을 영조의 묘정(廟廷)에 배향했다. 따지고 보면 김창집은 세제 시절 연잉군의 대리청정을 주도했던 셈이니, 영조의 손자인 정조에게는 은인이라고도 할 수 있다. 하지만 처형까지 당했다는 점에서 아직까지 애매한 위치에 있었다. 따라서 정조는 안동김씨 일문의 공적을 재평가하며 특별한 관심을 보였던 것이다.

그렇다고 김조순이 명가의 자손답게 모든 점에서 완벽했던 것은 아니다. 의외로 엇나가는 면이 있었다. 정조 당시 성리학의 권위는 도전받았으며, 새로운 바람이 불고 있었다. 이것을 주도한 쪽이 박지원으로 대표되는 경화학계, 곧 김조순의 스승들이었다. 그리고 중국에서 들어온 새로운 학문들이 전파되면서 조선의 학계는 새로운 글과 학문이 유행하게 되었는데 그래서인지 김조순도 이런 세파에 휩쓸리게 된다. 『정조실록』 16년 10월 24일에는 재미있는 기록이 있는데 김조순과 이상황 등 예문관에서 숙직하던 사람들이 당송시대의 소설 『평산냉연(平山冷燕)』 등을 돌려보다가 마침 정조가 보냈던 사람에게 딱 걸린 일이 있었다.

『평산냉연』이란 청나라 초기의 소설인데, 주요 등장인물의 성이 각각 평, 산, 냉, 연이라서 붙여진 제목이다. 대략적인 내용은 시와 재기를 겨루던 남자 두 사람과 여자 두 사람, 도합 네 명이 결국 부부의 연을 맺게 된다는 내용이다. 전혀 유학적인 내용은 찾아보기 힘든, 굳이 말한다면 연애소설쯤이 될 것이다. 혼자도 아니고 두 사람 이상이 읽다가 발각된 것이니, 숙직으로 따분한 밤 시간을 보내던 중에 누군가가 구해온 소설을 놓고 여럿이 모여 앉아 돌려가며 읽었던 게 아니었을까. 나름 인간적인 대목이다. 물론 유학자나 관리도 사람이니 때로 머리를 식히기 위해 가벼운 소설을 읽을 수도 있다. 하지만 상대가 정조라는 것이 문제였다.

흔히 실학을 지지한 개혁군주로 일컬어지는 정조이지만 실제로 그의 통치를 보면 굉장히 보수적인 부분이 많이 나타난다. 특히 문체에 있어서 그러했는데, 대표적인 정책이 바로 문체반정(文體反正)이었다.

박지원의 『열하일기』 이후로, 조선에는 필기와 소설이 널리 유행했다. 명나라와 청나라 때 『삼국지』, 『수호전』 등 유명한 중국소설들이 쓰이고 널리 읽혔던 영향 역시 무시할 수 없다. 결국 이제까지 딱딱한 서술이나 문장들 일색이었던 데서 새 바람이 분 것인데 철두철미하고 보수적인 주자학자였던 정조로서는 이것이 불만이었다. 잡다하고 타락한 문체를 정통 고문으로 바로잡자는 것이 문체반정의 모토였고, 시행된 정책 역시 마찬가지였다.

규장각을 설치한 것은 바로 이런 정통 고문에 맞춰 쓴 글의 기준을 세우기 위한 것이었고, 이를 통해 『주자선통(朱子選統)』이나 『팔자백선(八子百選)』 등을 출간했는데 이는 주자나 당송시대의 유명한 글을 골라 정리한 것이었다.

게다가 청나라의 패관 소설의 수입 자체를 금했고, 문체가 좋지 못하면 과거의 응시 자체를 막았으며, 그 같은 문체를 사용한 관리들을 문책해서 반성문을 쓰게 할 정도였다. 자유로운 문체 유행의 중심에 있던 박지원도 정조에게 직접 용서를 빌어야 했다. 정조의 문체반정은 청나라 문자의 옥처럼 누군가를 죽이거나 살해할 만큼 가혹하지는 않았지만 결국 당대의 문체를 왕의 취향에 맞는 것으로 뜯어고쳤다는 면에서는 마찬가지로 지독한 정책이었다. 이 때문에 자유로운 기풍으로 발전하던 조선의 문학이 국가의 탄압으로 기를 못 펴게 되었다는 비판도 없지는 않다.

어쨌거나 정조가 가장 이상적인 문체로 보았던 것은 바로 김조순의 선조인 김수항과 김창집의 것이었다. 그러므로 그들의 후손인 김조순이 총애를 받았던 것은 당연한 결과였다. 그런 김조순이 소설을 읽다가 걸린 셈이었으니, 당시 자유로운 문체의 유행이 어느 정도 번져 있었는지를 간접적으로나마 입증해준다. 정조로서는 가장 믿었던 사람들에게 배신을 당한 셈이었다. 정조는 소설을 불태우게 했고, 두 사람에게 다시는 잡서를 보지 말라고 야단을 쳤다.

이후 김조순은 중국의 수도 연경에 사신으로 다녀오게 되는데 정조는 이때 문체반정의 대상자로 김조순을 지목해서 반성문을 쓰게 했다. 이때 보낸 김조순의 반성문이 꽤나 마음에 들었던지 걱정 말고 여행길 잘 다녀오라는 답신을 보냈던 것이 실록에 남아 있다.

어느 사람이 허물이 없겠는가마는 고치는 것이 중요하다. 정자(程子)와 장자(張子)는 대현(大賢)이었으면서도 사냥하고픈 생각을 끊지 못하고 어린 시절 손자(孫子)·오기(吳起)의 병서(兵書)들을 즐겼다. 대체로 학자들이 자품이 높다 보면 먼 곳에 있는 것에 마음이 치닫고 재주가 있다 보면 밖으로 내닫는 법이다. 그것이 그름을 알고 고치기를 꺼리지 않고 고치고 다시 범하지 않으면 되는 것이다. 이 함답을 보니 문체가 바르고 우아하고 뜻이 풍부하여 무한한 함축미가 있음을 깨닫겠다. 촛불을 밝히고 읽고 또 읽고 밤 깊은 줄도 모르게 무릎을 치곤 하였다. 저 부들부들하다 못해 도리어 옹졸해진 남공철의 대답이나 경박하게 듣기 좋게만 꾸민 이상황의 말, 뻣뻣하여 알기 어려운 심상규의 공초는 모두가 입술에 발린 소리로 억지로 자기변명을 하기 위해 한 소리들이지만 이 사람만은 할 것은 한다, 못할 것은 못한다고 하여 결코 스스로를 속이거나 나를 속이려 함이 없음을 알겠다. 이 판부(判付)를 파발마로 보내 그에게 알려 그로 하여금 마음 놓고 길을 떠나 먼 길을 잘 다녀오게 하라.

『정조실록』 16년 11월 8일

사실 문체반정을 정조의 취향 탓으로만 보는 것은 너무 단순한 해석이다. 당시 남인 출신이었던 재상 채제공이 물러나면서 정조가 심적으로 지지했던 남인들의 세력이 무너졌다. 대신 정권을 잡은 노론들은 남인들에 대한 정치적 공세를 멈추지 않았다. 정조는 탕평책을 통해 어느 한 당파가 몰살당하는 결과는 원치 않았고, 이에 노론과 소론의 젊은 관료들의 자유로운 문체인 패관소품을 문제 삼아 남인들의 공격을 완화시키고자 했던 것이다. 결국 문체반정 자체는 경고의 선에서 끝났고, 특히 정조의 김조순에 대한 총애는 식지 않았다.

김조순은 연경에서 돌아온 후, 정조의 특별한 신임 아래 고속승진을 거듭하여 33세의 젊은 나이로 이조와 예조의 참의(參議)를 겸하기도 하였다. 정조는 여느 사람과 달리 그를 지방관으로 파견하지 않았다. 김조순의 학문과 재주를 아꼈던 정조는 그를 내내 측근에 두고 정치를 보좌하게 하였으며, 35세에는 정조의 의도에 따라 원자요속관(元子僚屬官)이 되어 왕세자와 각별한 관계를 맺게 된다. 이어 다음 해에는 국구(國舅)로 선택되기에 이른다.

이러니저러니 해도 왕도 결국 사람이다. 비록 김조순이 명문가의 집안이며 노론의 일파라고는 하지만 결국 그 사람이 마음에 들지 않는다면 오래도록 총애하며 사돈으로 선택하지 못했을 것이다. 그토록 신임하고 아꼈기에 자신을 도와주는 훌륭한 버팀목이 되고 자신이 죽은 후에도 아들 순조를 지켜주는 사람이 되리라 기대했을 것이다. 하지만 정조의 바람은 생각으로 그쳤을 뿐 현실로 이루어지진 못했다. 모든 상상했던 일이 실현되기 전에 정조가 세상을 떠났던 탓이다.

ⓗ 정조의 급서와 정계 변화

실록에서는 정조의 죽음을 다음과 같이 기록하고 있다.

이날 유시(酉時)에 상이 창경궁(昌慶宮)의 영춘헌(迎春軒)에서 승하하였는데 이날 햇빛이 어른거리고 삼각산(三角山)이 울었다. 앞서 양주(楊州)와 장단(長湍) 등 고을에서 한창 잘 자라던 벼 포기가 어느 날 갑자기 하얗게 죽어 노인들이 그것을 보고 슬퍼하며 말하기를 '이것은 이른바 거상도(居喪稻)이다' 하였는데, 얼마 안 되어 대상이 났다.
『정조실록』 24년 6월 28일

천지신명도 징험이 있었던 것일까. 삼각산에서 큰 소리가 났으니 왕의 죽음을 통곡한 것이고, 벼가 하얗게 말라죽었으니 상복을 입은 것이다. 사실이 어떻든 정조의 죽음은 커다란 변혁을 뜻했다.

정조가 세상을 떠나고 6일 뒤, 하나뿐인 후계자 순조가 창덕궁(昌德宮) 인정문(仁政門)에서 즉위(卽位)했다. 하지만 실질적으로 정권을 잡은 사람은 정순왕후 김씨였다. 그녀는 이제 대왕대비로 궁궐에서 가장 높은 어른이 되었다. 열다섯의 나이에 66세의 영조에게 시집온 그녀는 며느리 혜경궁 홍씨보다도 열 살이나 어렸고 슬하에 자식도 없이 길고 긴 과부의 삶을 살고 있었다. 어떻게 보면 안타까운 삶이다. 게다가 그녀는 정조가 다스리던 때에 친정붙이와 오빠가 유배당해 죽는 비극을 겪었다.

정조에게도 할 말은 있었다. 정순왕후의 아버지 김한구는 사도세자를 죽음으로 몰아넣는 데 일조했던 사람이고, 정순왕후와 한

배에서 난 오라비 김구주 역시 정치적 욕심이 상당해 갖은 수단을 동원하다가 마침내 죽고 만다. 하지만 사정이 어쨌든 정순왕후에게는 한 핏줄이며 친정 식구였다. 피붙이가 귀양을 가서 불귀의 객이 되었는데 원한이 없을 수 없었다. 그리고 정조가 죽기 직전까지 극도의 수세에 몰렸던 벽파도 치를 떨고 있었다. 정조는 죽기 직전인 1800년(정조 24) 5월 30일 연석(筵席)에서 벽파에게 사실상의 최후통첩이라고 할 수 있는 오회연교(五晦筵敎)를 발표했다. 오회연교는 남인을 중용하겠다는 정조의 결의이자 부친인 사도세자를 죽인 노론 벽파를 결코 용서할 수 없다는 의지의 표현이었다. 정조는 아버지의 비극적인 죽음을 평생 가슴에 두고 있었다. 아버지의 무덤을 현륭원으로 크게 개장한 것도, 화성을 축조한 것도 모두 여기에서 나왔다. 그리고 오회연교는 정조가 아버지를 죽인 이들과 그들의 후계인 벽파들에게 지난날의 잘못을 시인할 것을 강요한 선언이었다. 더하여 이제까지 정권을 잡고 있던 노론을 부정하며 정권의 개편을 암시하고 있었다. 특히 남인 재상 — 아마도 이가환, 정약용을 염두에 둔 — 을 임명할 수 있다는 뜻마저 내비치고 있었다. 당시 정권을 잡고 있었던 노론 벽파들이 이를 두려워한 것은 당연한 일이었다. 게다가 정조는 이미 1만 명이나 되는 규모로 확장한 장용영(壯勇營)과 친위학자들이 포진한 규장각이라는 강력한 친위세력을 갖추고 있었고, 이런 상황에서 승부수를 던진 셈이었다. 정조의 강경한 의지는 그의 죽음으로 실현되지 못했으며, 이는 곧 정조에게 깊은 원한을 품고 있던 정순왕후와 벽파의 시대가 열렸다는 것을 뜻했다.

죽었던 정순왕후의 오빠 김구주에게는 이조판서의 벼슬이 추증

● 3. 당쟁의 소용돌이에 휘말리다 ●

영춘헌 개혁군주 정조가 승하한 창경궁의 영춘헌 전경.

되었고, 살아 있는 경주김씨들은 당당한 외척으로 세력을 잡았다. 아직까지 새로운 왕 순조의 혼처가 결정되지 않았으니 가능한 일이었다. 이후 정순왕후를 등에 업은 벽파의 공격은 집요하고 가혹했다. 서유린, 서유문, 김이재, 김이교, 신기 등이 유배되었고, 순조 원년에는 정조의 이복동생이었던 은언군과 외삼촌이었던 홍낙임, 정조의 측근이었던 윤행임이 처형당하기까지 했다. 이때 시작된 천주교 탄압 역시 남인들을 공격의 목표로 삼은 것으로, 실제로도 정조가 아꼈던 인물들이 대거 숙청되는 빌미를 만드는 데 이용

정조 안타깝게도 한창 일할 나이에 죽음으로써 지금까지도 독살설이 끊이지 않는 정조의 초상.

되었다. 남인들은 물론, 유명한 실학자 정약용 형제가 외딴 곳으로 유배당하게 된 것도 바로 이런 복수극에 휘말린 탓이었다.

사람만 죽은 게 아니었다. 정조가 생전에 왕권 강화를 위해 애를 쓰며 양성해냈던 장용영은 순조 2년에 혁파되었고, 규장각도 유명무실해졌다. 실상 이런 기구들은 왕권뿐 아니라 나라를 위해서도 유익한 것이었지만 반대파들은 이를 남겨두지 않았다. 수원화성 역시 마찬가지로 훼손되었다. 이 모든 것이 정조가 죽은 뒤 겨우 2~3년이라는 짧은 시간 동안에 벌어진 일이었다.

● 3. 당쟁의 소용돌이에 휘말리다 ●

 이 시기에는 같은 안동김씨의 일원으로 김상헌의 후손이자 노론이었던 김건순(金建淳)마저도 죽임을 당하고, 김조순의 절친한 친구였던 김려(金鑢) 역시 유배될 만큼 숙청의 바람이 가혹했다. 게다가 김조순은 정조의 친위학자이자 장용영의 대장이었고, 정조는 그에게 앞으로의 국정 및 순조의 보필 역시 부탁할 만큼 지극히 가까운 사이였다. 정순왕후 일파들이 오히려 그를 무사히 살려둔 것이 이상할 지경이었다. 실제로 정조의 친인척인 은언군과 홍낙임이 사사당하는 와중, 김조순이 의리를 지키지 않았다고 공격하며 순조와의 혼인 약조를 무효화하려는 움직임이 있었다. 조금만 발을 잘못 디디면 천 길 낭떠러지에 떨어질 위기상황이었다.
 그러나 김조순에게는 큰 장점이 있었다. 은인자중하고, 자신을 드러내지 않으며, 온화하게 상대방을 설득하는 성품이 그를 살렸다. 국혼을 반대하는 움직임들 사이에서 여러 난관을 겪은 끝에 순조 2년 무사히 국혼이 치러졌고, 김조순은 왕의 장인이 되어 어영대장과 훈련대장을 제수받았다.
 이후로 김조순에게 따랐던 것은 행운이었다. 정순왕후가 정치에 물러나면서 벽파와 경주김씨의 세력이 빠르게 쇠퇴한 것이다. 정순왕후 김씨는 비록 대리청정을 통해 정권을 잡았고 스스로 여군(女君)을 자처했지만 친정의 원한을 갚겠다는 일념 이외에 정치에는 별다른 욕심이 없었던 듯하다. 1804년(순조 4) 6월 23일 조정 조회 때 도착한 언문교지를 본다면 정순왕후는 자신에게 쏟아지는 세평을 상당히 신경 쓰고 있었던 것으로 보인다.

 조정에서 나를 어떤 사람으로 보고 있는지 모르겠지만 나는 원래

도모한 바도 없고 또 지나치게 악하게 논 적도 없다. 늘그막에 여러 해괴한 말을 듣게 되었으므로 나의 분통한 마음을 한번 모조리 쏟아놓고 싶고 또 임금이 처분하는 일에도 참견하고 싶다.

꽃다운 나이에 시집을 왔던 정순왕후는 이제 환갑에 가까운 나이가 되었고, 자식이 없어 마음을 기댈 사람도 없었다. 순조는 그녀와는 피 한 방울 섞이지 않은 손자였다. 조금은 의외일 수도 있지만 그녀는 모든 오욕과 비난을 무릅쓰고 정권을 잡고 휘두를 만큼 담대한 여인도 아니었던 것 같다. 그저 죽은 친정붙이들의 복수만을 생각했던 게 아니었을까? 실제로 정순왕후의 통치는 상당히 즉흥적이었고, 계산적이지도 주도면밀하지도 않았다. 무소불위의 권력을 휘둘렀다고 하지만 그 시간은 3년도 채 되지 않았다. 실제로 정순왕후는 빠르게 정치에 대한 흥미를 잃었고, 벽파의 중요인물이자 영의정이었던 심환지가 죽은 뒤로는 별다른 힘을 쓰지 못했다. 결국 수렴청정을 시작한 지 4년 만인 1804년(순조 4) 12월 말에 정순왕후는 이를 그만두고, 이듬해 정월에는 세상을 떠났다. 이렇게 해서 정조 사후에 몰아닥쳤던 광풍은 어느 정도 사그라들게 되지만 그 짧은 사이에 너무도 많은 사람들의 희생이 따랐다.

김조순은 경주김씨의 전횡에 저항하지 않았다. 정조가 힘을 기울였고 자신이 담당하고 있던 장용영이 혁파되는 것에도 반대하지 않았다. 이 때문에 김조순은 동료들과 친척들이 죽거나 귀양 가는 와중에서도 목숨을 부지하면서 병조판서나 대제학 같은 굵직한 벼슬을 맡을 수 있었다. 정순왕후의 퇴장 이후 경주김씨의 세력은 빠르게 쇠퇴했고, 그 자리를 메운 사람은 이때까지 온건하게 침묵을

● 3. 당쟁의 소용돌이에 휘말리다 ●

지키고 있었던 김조순이었다.

순조는 겨우 열한 살의 나이로 왕위에 올랐다. 수렴청정을 한 정순왕후는 4년 만에 물러났으며, 여전히 순조는 15세 어린 임금일 뿐이었다. 어른들 틈바구니에서 자라야 했던 순조는 이제까지의 왕들과 크게 달랐다. 스스로 왕비와 정당을 갈아치워 가며 정치 파트너를 선택했던 숙종이나 당파들을 선택하며 힘의 균형을 조종했던 영조와 달랐다. 또한 생명의 위협 속에 절치부심하며, 즉위한 날로 자신이 사도세자의 아들임을 공표했던 정조와도 달랐다. 그런 의미에서 나이 어린 순조의 즉위는 곧 왕이 허수아비가 되었다는 것을 뜻했고, 이제 당파들은 왕의 견제를 받지 않고 마음대로 세력을 구축할 수 있었다. 정조 사후 정권을 잡았던 벽파가 그토록 잔인한 숙청을 벌일 수 있던 것도 당파들을 견제하거나 조정해야 할 왕이 너무 어려 실제로 정치에 간여할 수 없었기 때문이다.

벽파가 쇠퇴한 이후, 정권을 잡은 김조순은 자신의 제자이자 사위인 순조를 지키기 위해 자신의 일족으로 편성된 울타리를 만들었다. 이미 몇 대에 걸친 명문이며, 여러 학자를 배출했을 만큼 학문이 번성한 가문이었으니 안동김씨 일문의 사람들이 과거를 통해 관리가 되는 것은 훨씬 간단했다. 비변사와 규장각에 배치된 김조순의 사람들은 정치를 안정시키고 당파의 폐해를 줄이는 데 적잖게 기여했지만 순조가 철이 들었을 때, 이런 울타리는 오히려 순조의 숨통을 틀어막는 장애물로 바뀌었다.

어엿한 성인이라고 할 수 있는 19세가 된 이후로, 순조는 스스로 정치를 해보려고 했다. 하지만 그것을 반긴 신하들은 주변에 없었다. 신하들 대다수가 안동김씨이거나 아니면 김조순에게 은혜를 입어 벼슬자리에 오른 사람들이었던 탓이다. 잡고 있는 권력을 선뜻 내줄 사람은 아마 없을 것이다. 이미 김조순은 비변사와 규장각을 모두 장악하고 있었다. 규장각은 단순히 공부만을 하는 곳이 아니라 유학을 심도 있게 연구함으로써 나라를 다스리는 이데올로기를 빚어내고 여론을 주도하는 곳이었으며, 비변사는 임진왜란 이후로 정치권력을 모두 틀어쥔 최고의 기관이었다. 이 두 가지를 모두 장악한 김조순은 사실상 왕을 능가하는 최고 권력자였다. 본래 정조가 규장각과 장용영을 만들었던 까닭은 왕을 따르고 지지해주는 사람들을 양성하기 위해서였다. 하지만 순조가 성인이 되었을 때, 장용영은 이미 없어졌고, 규장각은 장인인 김조순이 장악하고 있었다. 결국 순조가 제대로 왕 노릇을 하려 해도 도와주는 사람이 없었던 것이다. 때로 일부 양심적인 선비들이 작금의 세태를 비판해도, 이를 편들어주기는커녕 오히려 처벌하라는 내용의 상소가 빗발칠 뿐이었다. 설령 왕이 상소의 내용을 옳다고 여겨 글을 올린 이들을 지켜주려 해도 소용없었다.

이처럼 두터운 세족들의 벽에 둘러싸인 순조는 차츰 숨이 막힐 수밖에 없었다. 20세 무렵부터 순조는 불면증에 시달렸고, 밥을 제대로 먹지 못했다. 실록은 화병 증세라고 하고 있는데 그의 생활이 얼마나 갑갑하고 우울했는지 짐작할 만하다. 왕이지만 왕 노릇 하나 제대로 못하고, 궁궐 안에 자신을 진심으로 믿고 따르는 이 하나 없으니 이것이 병으로 번진 것이다. 순조의 병은 1년이 넘도록 낫지 않았고, 순조는 정치에서 점점 더 멀어져갔다. 이것이 세도정치의 진정한 무서움이었다.

60년 세도정치의 동반자

 그러나 아직까지도 기세등등한 경주김씨의 세력을 꺾기 위해 안동김씨는 또 다른 세도가와 손을 잡았다. 그것이 바로 반남박씨였다.

 반남박씨(潘南朴氏)는 박혁거세의 후손으로 알려져 있는데 시조인 박응주(朴應珠)의 6대손이 조선 초기 태종을 도우면서부터 역사에 이름을 드러내기 시작했다. 게다가 반남박씨는 순조를 낳은 수빈박씨의 친정이었다. 흔히 후궁이라고 하면 어쩐지 격이 떨어지는 것처럼 생각하지만 실제로 많은 후궁들이 사대부의 딸 중에 간택되어 입궁하곤 했다. 수빈박씨는 주부(主簿) 박준원의 딸로 정식으로 후궁으로 간택되어 1787년(정조 11)에 입궁하게 되었다. 게다가 역사상 반남박씨는 안동김씨에 이어 가장 많은 과거급제자를 배출한 명문가의 하나로, 연암 박지원도 바로 이 가문 출신이다. 결국 순조의 처가와 외가가 결합한 셈이었다.

 안동김씨와 반남박씨가 정치적으로 결합하게 된 계기는 김달순의 옥사가 결정적이었다. 이는 시파가 벽파에 대한 공세를 시작했음을 뜻했다. 김달순은 김창흡의 현손이었는데 결국 김조순과는 친척뻘인 같은 안동김씨였다. 하지만 그는 시파였던 김조순과 달리 벽파였다. 한 집안 출신이라도 반드시 같은 당파이지는 않았다는 예라 할 수 있다. 그것은 반남박씨 쪽에서도 마찬가지로 수빈박씨의 아우 박종경(朴宗慶) 역시 김달순과 가까운 사이였다. 사건의 시작은 벽파들이 위기를 느끼게 되면서부터였다. 정순왕후가 물러났고, 순조가 실질적인 왕이 되었다. 순조가 성장하고 철이 든다면 벽파를 너그럽게 받아들일 수 있을까? 아버지나 그의 신하들의 원수를 갚으려 하지 않을까? 낙관하기에 벽파는 너무도 많은 피를 흘리게 했다. 게다가 일부에서는 궁지에 몰린 벽파들이 정조를 독살했다는 소문마저도 돌고 있었다. 그저 헛소문일지도 모르지만 정치적 명분으로 얼마든지 이용될 수 있었다.

정순왕후가 승하한 뒤, 순조가 두창에 걸리자 이미 실질적으로 정권을 잡고 있던 김조순은 임금의 외척인 박준원, 박종보, 박종경을 불러 아직 어린 왕의 병을 돌보게 했다. 이미 안동김씨와 반남 박씨 세력은 상당히 공고해져 있었던 것이다. 벽파들은 순조의 외척들 결합에 다시 한 번 불안함을 느꼈고, 마침내 당시 벽파의 지도자이자 정순왕후의 6촌 오빠였던 김관주(金觀柱)는 김달순과 더불어 시파에 대한 정치적인 공격을 준비했다.

바로 순조에게 사도세자를 두둔했던 영남만인소의 주모자를 처벌하고, 이를 비판했던 벽파 사람들을 포상하자고 건의하려는 것이었다. 조금 의외인 것은 반남박씨인 박종경 역시 여기에 동조했다는 것이다. 하지만 박종경의 아버지 박준원은 자신이 외척이기 때문에 정치에 간여하지 않으려 애썼던 사람이다. 게다가 박종경이 벽파들과 손을 잡았다는 사실을 알자마자 아들을 집에 가두어 벽파의 계획에 참여하지 못하게 했다. 결국 벽파의 공격은 실패로 돌아갔고, 오히려 시파들의 대대적인 반격을 받게 되었다. 이때 김달순과 벽파들을 공격하는 데 총대를 멘 사람은 형조참판 조득영(趙得永)으로 그 역시 김조순의 사람이었다.

정조의 의리를 저버렸다.

이것이 벽파를 비판하게 된 중요한 근거였다. 김달순은 신지도로 귀양 갔다가 마침내 사사(賜死)되었고, 벽파의 중요 인물들도 모두 권력에서 밀려났다. 마침내 정권은 오롯이 시파들의 손에 떨어졌다. 이 사건으로 이제까지 정치에 소극적이던 반남박씨가 적극적으로 나서 벽파를 몰아내는 데 참여했고, 안동김씨와 반남박씨의 연합정권이 공고해졌다. 그리고 또 하나의 세력인 풍양조씨가 등장하는 계기가 되었다. 조득영은 안동김씨 및 김조순을 도운 공으로 1년 만에 공조참판에서 병조판서로 연속 승진했고, 이조판서에 오르는 한편 그의 8촌인 조만영(趙萬永)의 딸이 세자빈으로 간택되는 계기를 마련했다. 풍양조씨는 고려의 개국공신 조맹(趙孟)을 시조로 하고 있는데 왕건을 만나기 전 풍양(현재 경기도 남양주시 진건면 송릉)에서 살았기에 본관이 여기에서 유래되었다. 이때 세자빈이 된 사람이 바로 철종이 승하한 이후 흥선대원군 이하응과 손을 잡고 고종을 왕위로 올렸던 신정왕후 조씨였고, 그녀는 요절한 익종(효명세자)의 아내이자 헌종의 어머니였다. 이로써 벽파는 몰락하고, 안동김씨와 반남박씨, 풍양조씨의 연립 정권이 성립되었다.

순조가 재위했던 34년 동안 김조순은 영안부원군으로 가장 강력한 세도를 부렸고, 반남박씨 역시 마찬가지였다. 한 가지 예로, 1811년 겨울에 벌어진 홍경래의 난 때 김조순과 박종경이 나라를 어지럽힌 주체라는 격문이 나붙었다. 이는 뒤집어 말하면 당시 이 두 사람, 곧 안동김씨와 반남박씨가 가장 강력한 세도를 부리고 있었다는 것이 된다. 하지만 반남박씨의 세력이 한풀 꺾이는 데 일조한 것은 바로 안동김씨의 새로운 파트너인 풍양조씨였다. 조득영은 반남박씨의 부정부패를 공격해 정치에서 물러나게 했다.

  1812년(순조 12) 11월, 조득영은 반남박씨들의 부패와 비리를 지적하며 상소를 올렸다. 외척들이 조선 팔도의 좋은 땅을 다 차지하고 유흥과 여색을 좋아해 집안에 풍악이 그치지 않는다는 것과 자신들의 편인 사람들만을 등용해서 아부와 뇌물이 끊이지 않게 되었다는 것이다. 하지만 이런 비판은 반남박씨가 아니라 안동김씨에게도 고스란히 적용되는 것이었다. 풍양조씨도 다를 바 없었다. 그런데도 조득영의 상소는 반남박씨만을 표적으로 삼고 있었다. 비록 병을 앓고 있다고는 하지만 순조는 나라의 왕이었다. 그리고 아마도 조득영의 뒤에 도사리고 있는 다른 외척 세력들의 움직임 역시 알아차렸을 것이다. 순조는 조득영을 진도군 금갑도(金甲島)에 유배시킬 정도로 화를 냈지만 본디 박종경은 정치에 신물이 났던 차라 이런 사단이 벌어지자 미련 없이 손을 털고 훈련대장의 자리에서 물러날 것을 임금께 주청했다. 1821년(순조 21) 9월 박종경이 죽은 지 3년이 채 되지 않아 조득영도 죽었다. 김조순은 그로부터 10여 년을 더 살다가 죽었으니 세도정치의 핵심은 오로지 안동김씨였다.

제4장

위풍당당한 세도가

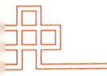

김조순의 처신과 국권장악

정조 사후 멸문 위기에까지 몰렸던 안동김씨는 몇 번의 정치적인 위기를 넘겨 마침내 권력을 차지했다. 이제 권력의 중심에 선 김조순은 벽파를 숙청하면서 동료와 친척들이 죽어가는 것을 방관했으며, 이후 반남박씨가 물러나고 새롭게 풍양조씨가 안동김씨의 정치 파트너로 등장하는 것에도 큰 역할을 하지는 않았다.

안동김씨가 세도정치를 했다고 해서 반드시 폭거를 휘둘렀다는 것은 아니다. 오히려 벽파들이 시파를 잔인하게 탄압했던 것에 비한다면 그는 나이 들어서까지도 젊은 날의 은인자중을 잊지 않았다. 실록에서도 김조순이 온건한 성격이었다는 사실을 내내 강조하고 있다. 그러나 딸의 결혼을 반대했던 사람들이 마침내 죽임을 당한 것은 그의 의지와 무관하지 않을 것이다. 따라서 김조순을 은밀하게 음모를 꾸며 자신의 나쁜 점을 덮어두는 영악하고 간사한 사람으로 보는 입장도 없지는 않다. 어쨌든 이후 안동김씨의 세도정치가 권세정치가 되었다는 점에서 김조순이 그 기틀을 닦은 것은 틀림없는 사실이다.

하지만 기억할 것은 김조순이 어디까지나 사대부이자 양반이었다는 것이다. 그의 문집인 『풍고집』에서는 사대부이자 외척 그리고 세도가로서 자신의 입장을 고뇌하는 흔적을 찾아볼 수 있다.

척신이라고 해도 현명한 사대부의 자세를 지킨다면 사대부이다.

『풍고집』에 실려 있는 글귀 하나는 고뇌 끝에 스스로 내린 하나

● 4. 위풍당당한 세도가 ●

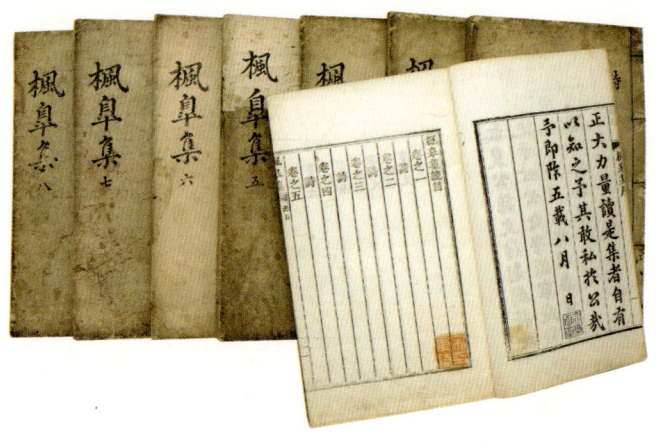

풍고집 안동김씨 60년 세도정치의 기반을 만든 김조순은 자신의 문집에서 사대부이자 외척 그리고 세도가로서 고뇌하는 모습을 드러내 보였다.(국립중앙도서관 소장)

의 결론 같다. 왕의 스승이자 장인으로, 순조 시기 안동김씨의 세력이 굳건한 기반을 마련하는 데 김조순의 역할은 지대한 것이었다. 이미 정권을 잡은 이후로도 정국을 잘 재단하여 몰락하는 일 없이 자신의 아들들에게 정권을 넘겨주었다. 하지만 그는 뼛속까지 사대부였고, 외척이자 권신인 자기 자신의 현실에서 갈등했던 것 같다. 그의 문집에는 이런 고뇌의 흔적이 곳곳에서 묻어난다. 자신은 선비이다. 선비의 이상적인 모습이라면 세상일에 초연하고 욕심을 버린 채 초야에 묻혀 성현들의 글을 읽는 것이다. 하지만 김조순의 현실은 여기에서 너무나도 멀었다. 이 때문에 김조순은 스스로 정치에 개입하는 일은 최대한 자제하려고 했다.

『순조실록』 11년 윤 3월조에는 자신을 일러 아무 짝에도 쓸모없는 조정의 혹과 같은 존재라고 비하하면서, 순조가 부탁했던 인재

천거를 거절하고 있다. 구색을 맞추기 위한 연기일 수도 있지만 김조순은 사실 두 번이나 양관 대제학을 지내고 판서를 두루 거치면서도 신하로서 최고의 자리인 영의정의 자리에 오르지 않았다. 국구가 된 뒤에도 실권 있는 직책은 맡지 않고 제조직과 영돈녕부사로 있다가 죽었다. 바꿔 말하면 그는 나서서 드러내놓고 권세를 누리기 위해 노력한 인물이 아니었다. 비록 나라 안에서 그가 가장 강력한 힘을 가진 사람이라는 사실에는 변함이 없었지만 말이다. 하지만 당파에 몰리지 않으려는 그의 노력과 세도의 풍을 형성하지 않으려는 노력이 있었는데도, 그를 둘러싼 척족세력이 후세에 안동김씨 세도정치의 기반을 조성하는 결과가 되었다.

그의 온화한 성격을 알려주는 일화로는 이런 게 있다. 어느 날엔가 김조순의 집 앞에 웬 주정뱅이가 찾아와 욕설을 퍼부었다고 한다. 주인에게 온갖 상욕을 퍼붓는 데 분개한 하인들은 당장 주정뱅이에게 몽둥이찜질을 하려 했지만 김조순은 그들을 말렸다. 무슨 사연이 있으리라고 하며, 그 주정뱅이를 자신의 집 안에 들이게 했다. 그런데 그 주정뱅이가 갑자기 쓰러져 숨을 거두었다.

숨은 사연이란 이랬다. 김조순을 몰아내려는 반대파는 병이 들어 곧 죽을 사람을 매수해서 술을 마시고 욕을 퍼붓게 했다. 이후 김조순이 화를 내며 때린다면 기필코 죽을 것이니, 죄 없는 사람을 해쳤다는 죄목을 씌워 공격하려 했다는 것이다. 이 일화는 서로 다른 두 가지 해석을 내릴 수 있다.

하나는 김조순이 반대파의 음모를 미리 알아 주정뱅이를 처벌하지 않았다는 것이고, 또 하나는 김조순의 성격이 본래부터 온화했기에 자신을 모독한다고 해도 다그치지 않고 사연을 물어보려 했다는 것이다. 과연 어느 쪽이 정답일까?

사실 여부는 남겨두고라도 이 일화는 김조순이라는 사람을 이해하는 데는 참으로 안성맞춤인 이야기다. 이야기를 살짝 뒤집어본다면 반대파로서는 김조순의 흠집을 잡기 위해 주정뱅이를 매수해야만 했을 정도로 그에게 흠집을 잡기 어려웠다는 말이 된다.『순조실록』의 기록이나 김조순이 죽고 나서 순조가 했던 말을 본다면 비록 안동김씨의 세도가 극성이었다는 점을 감안하더라도, 김조순이라는 개인의 인품은 상당히 훌륭했고, 그를 싫어하는 사람조차도 잘못을 짚어내기 어려울 정도였던 것으로 보인다.

실제로도 김조순은 다른 정권의 사람들을 포용하며 너그러운 정책을 시행했다. 척신들을 비판하며 쫓겨났던 이서구를 복권시켜주었고, 18년 동안 귀양을 가 있었던 정약용도 풀어주었다. 당시 서자들이 적서의 차별 때문에 관리가 될 수 없거나 차별을 받는다며 항의하자 그 제도를 풀어 벼슬을 할 수 있도록 한 것 역시 김조순이었다. 그를 평가한 문헌들은 김조순이 아랫사람에게 너그러웠으며, 많은 것을 베풀어주었다고 한다. 본격적인 세도정치를 펼쳐 조선을 망하게 만든 장본인이라는 현재의 편견과는 많이 다른 느낌이다.

김조순 본인은 훌륭한 사람이었을 수 있다. 그렇다고 그가 초래한 세도정치의 책임 역시 회피할 수는 없다. 그는 선비로서의 자신과 외척이라는 현실 사이에서 많은 고심을 했다. 그것이 현실이고 김조순 또한 안동김씨 한 가문의 일원이었기에 그러한 세도정치에서 초연할 수는 없었을 것이다.

그는 나라를 위해 목숨을 바쳤던 김상용, 김상헌의 후손이었다.

그리고 당파싸움의 와중에서 죽임을 당했던 김수항과 김창집의 후손이기도 했다. 그는 충절의 피를 이어받은 한편, 파당의 가계 역시 잇고 있었다. 비록 김조순은 이들 선조와는 전혀 다른 시대에 살았지만 상황은 크게 다를 바 없었다. 정조는 벽파들을 거세게 몰아붙였고, 벽파는 정조가 죽은 뒤 복수를 했다. 단 한 발만 잘못 어긋나도 가문의 멸족과 죽음으로 연결되었으니, 이 역시 전쟁과 다르지 않았다.

가정을 해보자. 만약 정조가 일찍 죽지 않았다면, 그가 꿈꾸던 대로 순조에게 왕위를 물려주고, 자신은 상왕이 되어 화성으로 물러나 규장각을 통해 사상과 정신을, 장용영을 통해 군사를 장악했다면, 김조순은 정조가 생각했던 이상적인 정치 파트너 역할을 수행했을지도 모른다. 김조순은 서로 다른 파벌들의 의견을 조정하고 다툼을 조정할 수 있는 능력이 틀림없이 있었다. 그러나 정조 사후, 그의 능력은 세도정치의 구축으로 이어졌을 뿐이다.

그에게는 그 자신과 가족, 가문을 지키는 것 역시 매우 중요했던 것 같다. 그의 문집인 『풍고집』에서, 김조순은 어린 시절 집이 가난해서 내내 큰아버지에게 먹고 사는 문제를 의존했다고 회상하고 있다. 일세의 명문인 안동김씨 집안이었다고는 하지만 여러 차례의 사화를 겪고 나서, 후손들 사이에는 빈부의 편차가 생길 수밖에 없었다. 젊은 시절 일찍부터 두각을 나타내어 임금의 총애를 받고 왕의 장인으로 낙점을 받을 정도인데도 소설을 읽을 만큼 개방적이었던 김조순도 권력을 잡은 뒤로는 보수적이 되어야 했다. 권력을 상실하는 순간, 그것이 곧 가문의 몰락과 자신의 죽음으로 이어진다는 것을 누구보다도 잘 알고 있었기 때문이다. 세도정치는 분명 정조가 그에게 바랐던 정치의 형태는 아니었고, 그런 의미에서 김조순은 정조를 저버린 것이나 다름없었다.

안동김씨의 세도정치는 적어도 초반에는 그렇게까지 극심한 폐단을 드러내지 않았다. 오히려 김조순은 그 특유의 온건한 처신으로 벽파의 정순왕후에게도 호의를 얻었고, 그래서 무사할 수 있었다. 이것은 김조순이 정권을 잡은 뒤로도 크게 변함이 없었고, 세상을 뒤흔드는 피바람은 불지 않았다. 마냥 평화로웠던 것만은 아니었지만 김조순 자신은 끝내 시파의 지도자이자 조정자로서 남았다. 그에게 쏟아진 비난의 화살도 생각만큼 그리 많지 않았다. 세도정치의 진정한 폐단이 드러난 것은 그가 아닌 그의 후손들 대였기 때문이다.

효명세자의 좌절

비록 안동김씨를 비롯한 세도정치의 벽이 단단하고 두터웠지만 순조 이후 왕실에서 세도정치를 타개할 만한 시도가 없었던 것은 아니었다. 순조의 하나뿐인 아들, 효명세자가 바로 그 적임자였다. 효명세자는 아버지 순조에게서 대리청정의 형태로 정권을 넘겨받은 뒤, 할아버지인 정조의 전철을 밟았다. 잔병치레가 잦았고 마음마저 약했던 순조에 비해 효명세자는 여러 가지 면에서 할아버지 정조를 닮은 인물이었다. 효명세자는 고작 22세의 짧은 삶을 살았지만 『경헌집(敬軒集)』, 『학석집(鶴石集)』과 같은 자신의 문집을 남길 정도로 학문을 좋아했다. 뿐만 아니라 궁중무용에도 흥미가 있

수릉 세도정치에 맞설 조선 왕실의 마지막 희망인 효명세자는 22세의 나이에 안타깝게도 요절하고 만다. 그가 묻힌 수릉은 동구릉 내에 있다.

어 가인전목단, 고구려무, 향령무 등을 집대성하는 업적을 남기기도 했다. 19세의 나이에 대리청정을 시작한 효명세자가 제일 먼저 시작했던 것은 이미 정권을 잡고 있었던 안동김씨의 배제였다.

왕에게 꼭 필요한 것은 자신을 믿고 따라주는, 그리고 자신을 위해 목숨을 아끼지 않고 힘써주는 믿을 만한 신하들이었다. 효명세자는 불철주야 돌아다니며 자신을 도와줄 인재를 물색했다. 안동김씨의 세력인 이희갑과 김재창, 김이교를 감봉에 처한 것은 대리청정을 시작한 지 나흘 만의 일이었다. 그리고 이제까지 소외되어 있던 소론이나 남인, 북인들을 등용했다. 효명세자가 자신의 측근

조만영 효명세자의 장인으로 안동김씨 세력을 견제하였다.

으로 들였던 이들은 김로, 이인보, 홍기섭, 김노경 등이었다. 이들에게 이조와 병조의 인사권을 맡겼으며, 돈을 찍어냄으로써 경제력까지 확보했다. 여기에 날개를 달아준 쪽은 처가인 풍양조씨였다. 이미 풍양조씨는 안동김씨와의 연합을 통해 어느 정도 세력을 구축하고 있었다. 그러니 안동김씨를 견제하는 역할로서 제격이었다. 세자의 장인인 조만영은 효명세자의 대리청정이 시작되면서 훈련대장에 임명되었고, 처삼촌인 조인영은 규장각과 홍문관의 요직을 장악했다. 그리고 이 같은 효명세자의 세력기반을 토대로 2년 뒤에는 김조순의 조카인 김교근과 김병조가 탄핵을 받고 관직에서 쫓겨났다. 하지만 효명세자는 안동김씨를 견제하되 결코 축출하지는 않았다. 그러면서 풍양조씨의 세력도 조정하며 미묘하게 균형을 잡아나갔다.

그러나 효명세자는 겨우 스물두 살이라는 젊은 나이로 갑작스레 세상을 떠났다. 그의 대리청정은 3년 3개월이라는 짧은 시간밖에 유지되지 못했다. 이렇게 되면 독살의 소문이 돌 법도 한데 그렇지 않았던 것을 보아 천명이었던 것 같다. 효명세자의 죽음은 왕가가 자력으로 세도정치의 고리를 끊을 수 없다고 내려진 사형선고나 다름없었다. 후기 조선 왕조의 궁실은 단명과 무자(無子)의 저주라도 걸린 게 아닌가 하는 인상마저 받게 되는데 그 단적인 예가 효명세자였다.

어린 왕세자빈 조씨는 고아가 되어버린 아들(훗날의 헌종)을 안고 과부가 된 자신의 운명을 감내해야 했다. 외아들을 가슴에 묻은 순조는 나날이 심해져가는 울화병으로 매일매일을 무기력하게 보내다가 다리의 종기 때문에 재위 34년 만에 승하하고 만다. 아버지 정조의 이른 죽음으로 너무 준비 없이 왕이 되었고 내내 어른들의 꼭두각시가 되어야 했던 순조의 마지막이었다. 자신의 보호자이자 숨통을 틀어막은 당사자이기도 했던 안동김씨의 세력 아래에서 결국 그는 허수아비 왕으로서의 나쁜 전례를 만들고 말았다. 다음의 왕위는 또다시 어린 왕(순조의 손자 헌종)에게 이어졌다. 헌종이 왕위를 이으면서 외가인 풍양조씨는 본격적으로 발호하기 시작했다.

이 시기를 즈음해서 안동김씨 안에서도 세대교체가 일어난다. 1832년(순조 32) 김조순이 68세의 나이로 세상을 떠난 것이다. 그의 뒤를 이어 안동김씨를 지휘하게 된 것은 그의 아들 김유근과 김좌근이었다. 유근(逌根)은 김좌근의 형이기도 한데 일찍이 김조순의 종형인 용순(龍淳)에게 출계하여 친가의 동생 좌근과 함께 아버지의 세도를 물려받았다. 『헌종실록』에 실린 그의 졸기(卒記)를 보면 이렇게 평하고 있다.

성품이 결백하고 솔직하며 곧고 성실하여 뜻이 옳지 않은 것을 보면 문득 용납하지 않았다. 이 때문에 일찍부터 굽히지 않고 귀한 체한다는 이름이 있었는데 만년에는 절조를 굽혀 공근(恭謹)하였으나 그 미워하는 것이 너무 심하므로 남을 용납하는 도량에 있어서는 끝내 논할 만한 것이 있었다. (중략) 사무의 경륜은 그의 잘하는 바가 아니나 임금을 높이고 백성을 감싸는 일념은 대개 명확하였다. 문학을 좋아하고 시에 능했다. 아버지 조순이 죽은 후에는 군사의 실권을 잡아 판돈녕부사에 올랐다.

● 4. 위풍당당한 세도가 ●

왕위계보도 1

英祖(延礽君 昑, 1694-1724~1776)
영조 연잉군 금
‖
貞純王后 [慶州 金漢耈]
정순왕후 경주 김한구
            ├── 莊祖(思悼世子 愃, 1735-1762)
暎嬪 李氏   장조 사도세자 선   정조 산
영빈 이씨   ‖   ├── 正祖(祘, 1752-1776~1800)
            獻敬王后 [豊山 洪鳳漢]
            헌경왕후   풍산 홍봉한
                    孝懿王后 [淸風 金時默]
                    효의왕후   청풍 김시묵
                    ‖
                                    ├── 純祖(玜, 1790-1800~1834)
                    綏嬪 朴氏 [潘南 朴準源]   순조 공
                    수빈 박씨   반남 박준원

純祖(玜, 1790-1800~1834)
순조 공
‖   ├── 翼宗(孝明世子 旲, 1809-1830)
純元王后 [安東 金祖淳]   익종 효명세자 영
순원왕후   안동 김조순 ‖
                    神貞王后 [豊壤 趙萬永]   ├── 憲宗(奐, 1827-1834~1849)
                    신정왕후   풍양 조만영   헌종 환
                                            ‖
                                            孝顯王后 [安東 金祖根]
                                            효현왕후   안동 김조근

155

이것을 보면 김유근은 좋고 싫은 것이 지나치게 분명한 성격이었던 것 같다. 아버지 김조순은 서로 다른 파벌들의 의견을 조정하고 다툼을 가라앉히도록 조정할 수 있는 능력이 있으면서도 온화한 사람이었지만, 김유근은 고집이 지나치게 세고 사람을 무시하기도 해서 도량이 부족하다는 평가를 들었던 것이다. 결국 김유근은 학자 타입으로 조정과 타협에 뛰어나야 하는 정치가로서는 적합지 않은 인물이었던 듯하다.

그는 평안도관찰사가 되어 부임지로 가던 중, 황해도 서흥에서 전직 관리 한 사람이 면회를 요청한 것을 거절했다가 그 가족들이 무참히 살해당하는 흉변을 겪기도 했다. 이 일로 충격을 받은 김유근은 상소를 올려 평안도관찰사 일을 그만두고 서울로 되돌아왔다. 말년에는 중풍에 걸려 4년간 말도 제대로 하지 못하다가 세상을 떠났다. 하지만 그의 죽음이 안동김씨의 세력에 큰 타격을 준 것은 아니었다. 그의 동생인 김좌근이 건재했던 탓이다.

헌종은 할아버지 순조보다도 훨씬 어린 8세의 나이에 즉위했다. 너무도 어렸지만 왕위를 이을 마땅한 왕손도 없는 처지였다. 수렴청정을 하게 된 것은 김조순의 딸이자 순조의 왕비였던 순원왕후 김씨였다. 이는 곧 안동김씨의 세도가 더욱 공고해짐을 뜻했다. 효명세자가 아끼던 신하들은 간신이라고 비판받아 조정에서 쫓겨났지만 이전 정순왕후가 그랬던 것처럼 살벌한 숙청은 없었으므로 신정왕후 조씨는 가슴을 쓸어내렸다. 하지만 헌종이 나이가 들면서 점차 자신의 외가인 풍양조씨를 적극적으로 기용하여 안동김씨를 압박했다. 헌종의 외조부인 풍은부원군 조만영의 동생 인영(寅永)이 순원왕후 김씨의 배려로 이조판서가 되고 그의 가문인 풍양

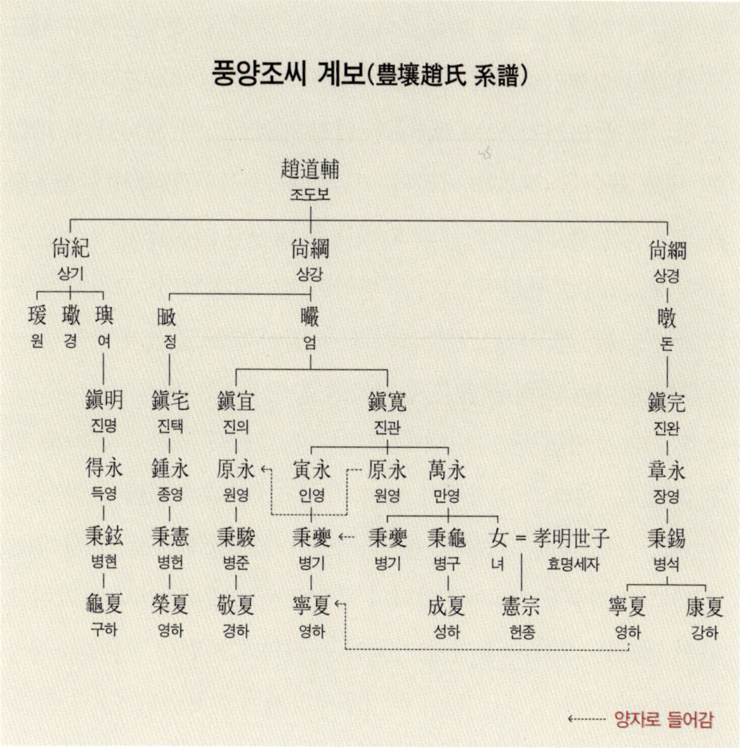

4. 위풍당당한 세도가

풍양조씨 계보(豊壤趙氏 系譜)

(계보도)

← 양자로 들어감

조씨 문중에서 조병구·조병현 등이 판서에 서임됨으로써 김씨 세도의 독무대에 변화가 생겼다.

그리하여 헌종 때에 풍양조씨는 조병구와 조병현이 중심인물로 나섰고, 안동김씨에서는 김좌근, 김수근, 김흥근 등이 중심이 되어 두 집안의 연립 세도 형태가 되었다. 두 집안이 이조판서·호조판서·병조판서의 주요 판서직과 훈련대장·금위(禁衛)대장 등의 요직을 놓고 치열한 경쟁을 벌였다.

풍양조씨는 일단 권력을 잡은 이후로, 이전 안동김씨가 그랬던

것처럼 막강한 권력을 휘두르며 특권을 누렸다. 풍양조씨의 세도 역시 안동김씨만큼이나 부작용이 많았다. 바꿔 말하면 외척의 세도정치를 물리치기 위해 또 다른 외척을 끌어들인 셈이었다. 이렇게 새로 들어온 외척은 나라와 임금에게 충성을 바치거나 잘못된 것을 바로잡기보다는 이전의 외척들을 대신한 자신들의 세상을 꿈꾸었다. 그러니 본질적인 해결 방안이 될 리 없었다. 그러나 왕은 그들 말고는 달리 다른 인물들의 힘을 빌릴 수도 없었다.

뿐만 아니라 권력을 잡은 풍양조씨 문중에서는 내분이 일어나고 조병구와 조병현 등의 비행이 드러나게 되면서 조정의 규탄을 받게 되었다. 게다가 조병구가 갑자기 죽고 1년이 못되어 그의 부친인 조만영도 죽게 되었다. 설상가상으로 조병현의 아들 조구하(趙龜夏)까지 탄핵을 받아 유배되니 풍양조씨 일문은 점차 몰락하고 외척 세도는 다시 안동김씨 가문이 독점하게 되었다. 이제 조정의 권력은 김좌근·김흥근 등이 좌지우지하기에 이르렀다.

풍양조씨 세력을 이용해 안동김씨의 세력을 견제하고자 한 헌종 역시 단명의 굴레에서 벗어나지 못했다. 아직 자식도 가지지 못한 20대의 젊은 나이에 시름시름 앓던 그는 결국 사망하고 말았다. 죽어가는 자식의 곁을 지킨 이는 젊은 나이에 남편 효명세자를 떠나보내야 했던 대비 조씨였다. 지체로는 왕이요 대비였지만 그 이전에 어머니와 아들 사이였다. 하나뿐인 아들의 가냘픈 숨소리를 들으며 그녀는 가슴을 뜯어야 했다. 하지만 헌종의 할머니인 순원왕후는 입장이 달랐다. 그녀는 손자의 죽음보다는 이후의 정권의 향방 쪽에 좀 더 관심이 있었다. 결국 그녀는 옥새를 가지고 신하들과 함께 다음 왕을 정했다. 이른바 강화도령이라 불리는 덕완군(德

完君) 이원범을 불러들여 왕으로 만들었던 것이다. 그가 바로 조선 25대 왕 철종이다. 그를 두고 강화도령이라 비웃기도 하지만 사실 그만큼 슬픈 운명을 가진 사람도 없었다.

철종은 헌종과는 사도세자라는 같은 선조를 두고 있었다. 철종은 사도세자의 서자인 은언군의 후손이었으니, 헌종을 마지막으로 정조의 대는 완전히 끊기고, 은언군 계파가 왕위를 잇게 되었다.

당시 19세였던 철종의 할머니와 어머니는 모두 천주교를 믿고 세례를 받았다고 해서 처형당했다. 할아버지 은언군은 천주교를 믿지 않았지만 그런데도 반역자의 누명을 쓰고 죽임을 당했다. 앞서 살펴보았지만 천주교 탄압은 단순히 사교였기 때문만이 아니라 정치적인 이유도 깊이 결부되어 있었다. 결국 가족들을 잃고 어린 시절을 보낸 강화도가 덕완군 이원범에게는 사실상 유배지와 같았다. 철종이 유년 시절에 어떻게 살았는지는 정확하게 알려져 있지 않지만 왕가의 인척이라기엔 너무도 힘들고 가난한 삶을 살았을 것이다. 그리고 무엇보다도 왕으로 키워진 사람이 아니었고, 스스로도 그리 되리라고 상상도 못했기에 왕으로서의 마음가짐과 제왕학은 전혀 배우지 못했다. 그것을 뒷받침해줄 만한 집안의 어른들도 곁에 없었다. 이런 점에서 자신의 대를 이은 고종과는 너무도 다른 처지였다.

철종의 등장은 순조 대부터 시작된 안동김씨의 세도정치가 극에 달했음을 의미했다. 안동김씨가 이미 다음 대의 왕으로 기대를 모으고 있던, 순조의 손자라는 뜻으로 인손(仁孫)으로까지 부르게 했던 이하전이 아닌 이원범을 다음 대의 왕으로 정하게 한 이유는 간단하다. 세도정치가 계속되려면 왕이 똑똑해서는 안 되었다. 이미 효명세자나 헌종이 그랬던 것처럼 안동김씨를 몰아내고 새로운 세력을 구축하려 들 것이기 때문이다. 이렇듯 택군(擇君)을 할 정도로 권세가 대단했던 안동김씨가 그 권력을 놓고 싶을 리 없었다.

정조의 사후 세도정치의 등장은 어떤 의미에서 붕당정치의 종말을 뜻했다. 물론 안동김씨가 등장함과 동시에 모든 당파싸움이 끝난 것은 아니다. 하지만 안동김씨 세도정치가 시작되면서 이제까지 산림을 배경으로 파당을 짓던 당파싸움의 빛이 바랜 것은 사실이었다. 그리고 이는 경화사족의 발전과 맞물려 있었다. 경화사족의 등장은 서울에 몰린 양반들의 한계를 의미하기도 했다. 당시 한성(서울)은 조선 안에서도 가장 부가 밀집한 곳이었다. 지방 백성들의 고통이나 어려움을 제대로 알기는 어려웠다.

조선 후기의 지방관들은 대부분 세도가 출신이거나 그들에게 뇌물을 주거나 친인척 등 인연이 있는 사람들이 보내졌다. 이들은 암행어사도 감히 어쩌지 못할 강력한 뒷배경을 믿고 백성들을 쥐어짰다. 백성들이 억울함을 호소해도 관리들이 모두 한통속이었으니 누구 하나 거들떠 보지 않았다. 견디다 못한 백성들의 울분은 포한(抱恨)이 되어 폭발했다. 순조 때 일어난 홍경래의 난이나 개성에서 횡행한 주도(酒徒)라는 도적떼, 그리고 각종 민란들이 조선조 말기에 허다하게 일어나게 된 이유도 바로 이러한 배경에서 찾을 수 있다.

풍양조씨의 세도를 여는 데 크게 공헌했던 조득영은 사실 지방의 탐관오리로 이름을 날린 사람이었다. 그는 벽파들을 적극적으로 공격해서 무찌르는 큰 공을 세웠지만 그 이상으로 자신의 주머니를 채우는 데에도 열심이었던 것 같다. 평안도관찰사로 있었을 때, 그의 비행을 비판했던 암행어사가 오히려 파직될 정도였다. 순조는 직접 암행어사 서능보에게 조득영의 일을 물어보았고, 서능보는 평안도에서 조득영의 탐오를 비판하는 목소리가 높았다는 것을 조목조목 설명해 올렸다. 하지만 조득영의 비리는 정확하게 규명되지 못한 채 소리 소문도 없이 덮어졌고, 끝내 제대로 밝혀지진 못했다. 변사또를 잡으려던 이몽룡이 오히려 죄인이 된 꼴이었다. 조득영이 김조순의 정적을 몇 번이나 공격했던 공로를 생각하면 당연한 결과일 수도 있지만 결국 이 모든 것은 세도정치의 어두운 면이 아닐 수 없었다. 노론 독재는 이처럼 지방 행정조직에까지 깊이 침투되어 백성의 민심은 점차 이반되어갔다.

　이전 붕당의 파벌이 극심했을 때는 한 당파가 몰락하면 다른 당파가 그 자리를 대신하는 형태로 정권교체가 일어났다. 세도정치 아래서는 이것이 외척의 교체로 바뀌었다. 왕은 더 이상 정치 일선에 나오지 못했으며 정치를 주도하는 쪽은 외척이었다. 정권의 교체라고는 해도 이전 붕당정치 때처럼 많은 사람이 죽고 물갈이 되는 정도까지는 이르지 않았다. 설령 어느 관리에 대한 탄핵이 들어오게 되더라도 혈연과 인정이라는 끈으로 묶여진 정치계에서는 혹독한 처벌을 내리는 일이 드물어졌다.

　거듭 반란과 민란이 일어나고, 관리들의 부정부패가 극심해졌지만 누구도 내놓고 그것을 탓하지 못했다. 나이 어리고 힘없는 왕은 외척들의 벽에 겹겹이 둘러싸여 바깥의 세상을 알지 못하고 별다른 힘을 발휘하지 못했다. 몇몇 세도가들의 시대였고, 동시에 정체된 시대였다. 상대방 붕당이 사라져버린 이상 벼슬자리에 쫓겨난 이후의 일을 걱정할 필요는 없었다. 마치 천적을 잃은 짐승이 살찌고 나약해져서 마침내 병에 걸리는 것처럼 조선 후기는 그렇게 쇠잔해갔다.

🈯 세도정치의 또 다른 희생자, 김삿갓

김병연(金炳淵)은 누구인지 몰라도 김삿갓이라고 하면 모르는 이가 없을 것이다. 평생을 걸쳐 전국을 떠돌며 해학과 풍자가 가득 담긴 시와 재미있는 일화를 남겼던 그 역시 안동김씨 출신이었다. 김병연이 어째서 전국을 떠돌며 세상을 비웃게 되었는지, 그 까닭은 널리 알려져 있다.

1811년(순조 11), 평안도에서 홍경래가 난을 일으켰다. 우발적으로 일으킨 것이 아니라 자그마치 10년을 준비해서 일으킨 반란이었다. 여기에는 조선시대 내내 뿌리 깊었던 서북인들에 대한 지역 차별이 있었다. 평서대원수(平西大元帥)로 자칭한 홍경래는 격문을 돌리면서 나이 어린 임금을 권신이 둘러싸고 있는 현실 정치를 비판했으며, 그런 와중에서 김 아무개와 박 아무개를 거론했다. 이들이 당시 순조의 외척이었던 안동김씨와 반남박씨를 일컫는다는 것쯤은 누구나 쉽게 알 수 있었다. 하지만 홍경래의 난은 고작 몇 달만에 진압되었고 안동김씨의 세도는 여전히 조선 팔도를 쥐고 흔들었다. 그러나 모두가 무사했던 것은 아니었다.

김병연의 할아버지 김익순은 홍경래의 난이 일어났을 당시 선천 부사 겸 방어사의 위치에 있었다. 그 이전의 행적은 자세하게 알려지지 않지만 김조순을 비롯한 안동김씨들은 자신들의 세력기반을 넓히기 위해 친척들을 지방의 관리로 보내는 일이 허다했다. '순(淳)' 자 항렬인 것을 보면 아마 김익순도 가문의 후광에 힘입어 벼슬자리 하나를 얻게 된 것이라고 추측된다. 하지만 난이 일어나 반군들이 들이닥치자 김익순은 저항이나 반격을 하는 대신 항복해버렸다. 반란군이 선천으로 들어왔을 때 김익순은 술에 취해 있었다. 가산군수 정시(鄭蓍)는 문관이면서도 장렬하게 싸우다 전사한 반면, 무관이며 국가 방위의 중책을 맡았던 김익순은 손 한번 써보지 못하고 붙잡힌다. 가족들과 짐을 꾸려 달아나던 김익순이 홍경래의 군사들에게 생포당한 것이다. 이후 반란군의 좌영장이라는 감투마저 쓴 것을 보면, 홍경래 진영에서 죽기 살기로 버티거나 저항했던 것도 아닌 것 같다. 오래지 않아 홍경래의 난은 내부의 자중지란으로 쉽사리 진압되었고, 김익순은 나라의 관리이면서도 반란군에게 협력한 대역죄인이 되어버렸다. 이대로는 처벌을 피할 수 없었다.

김익순은 이번에는 홍경래의 군사(軍師)였던 김창시의 목을 바치고 자신의 죄를 없던 것으로 하려 했다. 비록 반란군에 속해 있었지만 반란군의 중요 인물을 없앴으니 이런저런 핑계를 대려 한 것이리라. 하지만 마무리가 서툴렀다. 본시 김창시의 목을 벤 사람은 농민 조문형(趙文亨)이었다. 김익순은 그에게 1천 냥을 주고 수급을 사기로 하고, 정작 돈을 주지 않았던 것이다. 결국 조문형은 김익순을 관청에 고발했다. 반란군에 항복한 것도 모자라 죄를 숨기기 위해 조작까지 했다는 사실이 드러나자 조정에서는 김익순을 대역죄로 참형에 처하고 그 일족을 폐족시켰다.

모반죄는 3족을 멸했다. 명문 집안에서 하루아침에 폐족을 당한

순무영진도 홍경래 난을 진압한 관군들이 진안에 도열해 있는 모습.

● 4. 위풍당당한 세도가 ●

김병연의 아버지 김안근(金安根)은 집안의 노복인 김성수(金聖洙)를 시켜 아직 어린 김병하, 김병연 형제를 데리고 달아나게 했다. 그들은 황해도 곡산 땅으로 숨어들어 살았다. 한동안 신분을 숨기고 살았던 두 형제는 조부의 죄가 자식과 손자들에게 미치지 않는다는 나라의 사면령 덕분에 다시 부모의 곁으로 돌아왔지만 아버지 김안근은 감옥에서의 후유증과 화병으로 죽고 말았다. 김병연 집안은 세상의 멸시와 학대를 피해 떠돌다가 인적이 드문 강원도 영월 땅에 정착하게 된다. 어머니 이씨는 집안이 폐족된 사연을 자식들에게 숨기고 살았다.

　머리가 영특하고 시재(詩才)가 뛰어났던 김병연은 고금의 시서를 섭렵하여 모르는 글이 없었다. 20세가 되던 해 김병연은 영월 관아에서 벌어진 백일장에 참가했다. 집안을 다시 일으키는 길은 과거에 급제하는 방법이었기에 공부를 열심히 하여 나름대로 자신도 있었다. 그런데 하필이면 그날의 시제가 홍경래의 난 당시 반군과 싸우다 죽은 가산군수 정시(鄭蓍)의 공을 칭찬하고, 항복한 선천부사 김익순을 통박하라는 것이었다. 김병연은 일필휘지로 김익순을 준엄하게 꾸짖었다.

　　선천의 김익순이 굴복했다는 소식이 있었으니
　　참으로 어이없는 일이로구나
　　너의 가문은 이름 높은 안동김씨요
　　이름은 장안에서 떨치는 순(淳)자 항렬이고 보면
　　성은도 남달리 두터워
　　백만 대군이 쳐온다 해도 어찌 그 의를 저버릴 수 있었으랴

하물며 청천강 물에 고이 씻은 병마와
철옹성 같은 활과 칼을 지니고도
임금님 앞에서나 꿇던 무릎을
흉적 홍경래 앞에서 꿇었다니
네 혼은 죽어서 황천에도 못 가리니
거기엔 우리 선대왕의 영혼이 계신 까닭이다
임금을 저버린 동시에 조상마저 잊어버린 너는
한번은 고사하고 일만 번 죽어 마땅하다
도대체 역사의 준엄한 기록을 아는지 모르는지
아무튼 이 치욕적인 일은 이 나라 역사에 길이길이 전해지리라

　이렇게 쓴 김병연의 글은 장원에 뽑혔다. 하지만 집에 돌아와 이 사실을 자랑했을 때, 어머니는 가슴을 치며 가문의 내력을 들려주었다. 자신도 모르는 사이에 할아버지를 욕하게 된 김병연은 조상을 욕한 자신의 잘못을 한탄하며 하늘이 부끄럽다 하여 삿갓을 쓴 채 유랑길에 나서게 되었다.
　김병연에게 유랑은 속죄의 방랑길이었다. 금강산을 시작으로 해서 조선 팔도 어디고 나타났다. 각처의 서당을 전전하면서 어느 때는 무일푼으로 문전걸식을 하기도 하고 어느 날은 알량한 양반들의 모임에서 시 한 수를 읊고 술상을 받기도 했다. 때로는 도적으로 몰려 곤욕을 치르거나 주린 배를 움켜쥔 채 남의 집 헛간에서 잠을 청하기도 했다.
　본래 태어나면서부터 양반이었고, 당시 가장 강력한 세도를 부리는 안동김씨의 사람이 될 수 있었던 김병연이었으나 그 반열에

● 4. 위풍당당한 세도가 ●

함께 끼지 못했다. 김병연이 남긴 시와 일화들은 대개 세상을 삐딱하게 바라본다. 벼슬아치들의 권위를 비웃고, 글 읽고 잘난 척 하는 양반들을 비웃고, 힘없는 무지렁이 촌부(村夫)들을 위로한다. 그러고는 뿌리 없이 떠돌아다닌다.

어떻게 본다면 김삿갓도 세도정치의 폐단으로 인해 등장했다고 볼 수 있다. 중앙 정계에서는 온화하고 너그러웠던 김조순이었지만 그런 그의 성격이 오히려 인사문제에서는 악재로 작용했던 것 같다. 특히 지방 관리의 임명에 있어서는 더욱 그랬다. 김병연의 조부 김익순도 안동김씨 일문이라는 덕분에 벼슬을 얻었고, 세상풍파에 뒹굴며 어떻게든 요행을 노려보려다가 파멸한 기회주의자였다.

김병연의 빼어난 글 짓는 솜씨는 일생에 걸쳐서 증명된 것이다. 실력도 있고 명문가의 일원인 데다 그의 돌림자도 '병' 자이니, 당시 정권을 쥐고 있는 사람들과 같은 항렬이었다. 이처럼 드높은 자존심, 명예심과 달리 현실은 비겁한 대역죄인의 손자였던 것이다. 김병연이 삿갓을 쓰고 여행을 떠난 이유는 세상이 자신을 받아줄 리 없었기 때문이다. 22세의 젊은 나이에 방랑을 시작해 고향에서 천 리나 떨어진 전라도 화순 동복의 남의 집 마루에서 57세로 숨을 거둘 때까지, 방랑을 거듭했던 그가 지었던 자전적인 시에는 인생이 그저 무상한 한바탕의 꿈이기만 하다.

아아, 천지간의 남아여	嗟呼天地間男兒
내 평생을 아는 자 그 누구뇨	嗟呼天地間男兒
부평초같이 흘러 3천리 자취는 어지럽고	萍水三千里浪跡
글을 하노라 40년을 보냈건만	琴書四十年虛詞

화순 동복 30여 년간 세상을 방랑하던 김삿갓이 숨을 거둔 곳이다.

모두가 헛된 넋두리로다
청운의 꿈 품었어도 이룰 운명 아니니   靑雲難力致非願
바라는 바도 아니요
머리가 세는 것도 자연의 이치이니   白髮惟公道不悲
슬퍼하지 않으리
고향 길 돌아가는 꿈꾸다   驚罷還鄕夢起坐
놀라 깨어 앉으니
깊은 밤 고향 그리는   三更越鳥聲南枝
새 울음소리만 애처롭구나

장김의 세상

 안동김씨의 세도정치는 하나의 대표인물을 내세우고 항렬과 촌수에 따라, 혹은 그 재능의 여하에 따라 권세와 이권을 적당하게 배분하면서 이른바 사돈의 8촌까지도 세도정치의 온갖 혜택을 차지하기에 이르렀다. 하지만 절대 권력은 반드시 부패하기 마련이다. 서인이 정권을 잡은 이후에 노론과 소론으로 분열했던 것이 좋은 예다. 마찬가지로 본디 한 조상을 가졌던 안동김씨들도 서로 다른 세력으로 나뉘었다. 안동김씨는 안동을 본가로 두고 있었지만 서울로 근거지를 옮기고 난 뒤에는 많은 변화가 있었다. 서울에 옮겨온 안동김씨들은 자하문(창의문) 아래 북촌의 자하동에 둥지를 틀었다. 그리고 그 남쪽 장동 일대에 안동김씨들이 모여 살면서 언제부터인가 이들을 장동김씨라 일컫게 되었다. 인조 시기의 김상용, 김상헌들 역시 이 일대에서 살았다. 안동김씨 중에서도 이들 장동의 갈래는 각별히 권력과 부에 가까웠다.
 이후 김조순이 순조의 장인으로 권력을 잡은 뒤로는 교동(校洞)으로 거처를 옮겼다. 교동은 지금의 종로구 경운동으로 운현궁 근처이며, 창덕궁에 아주 가까운 곳이었으니 안동김씨의 위세가 한층 더 올라갔다는 의미이기도 했다.
 그러나 안동김씨의 세도도 마냥 한결같았던 것은 아니다. 헌종은 즉위한 지 3년째 되는 해, 승지 김조근의 딸을 중전으로 맞아들였다. 물론 여기에 안동김씨들의 입김이 들어갔음은 의심할 나위가 없다. 그녀가 바로 효현왕후 김씨다. 그녀는 아이를 낳지 못하고 젊은 나이에 세상을 떠났다. 안동김씨의 미래에 한 점 어두운 그림자가 떨어진 것이었다. 아무리 안동김씨의 세력이 막강하다고 해도 두 번이나 중전을 세우기는 어려웠다. 만약 다른 성씨에서 뽑은 왕비가 자식이라도 낳는다면 또 다른 외척이 등장하게 될 터였다. 이후 명헌왕후 홍씨가 새로운 중전으로 들여왔지만 헌종 자신이 자식 없이 세상을 떠나는 바람에 또 다른 외척세력은 생겨나지 않았다.

그리고 헌종이 승하한 이후 강화도령 철종이 즉위했을 때, 중전이 된 사람은 김문근(金汶根)의 딸이었다. 김문근은 6창 중 하나인 김창협의 현손으로 같은 안동김씨라고는 하지만 김창집의 후손이었던 김조근, 김좌근과는 조금 갈래가 달랐다. 김문근은 전동에서 거주하고 있었고, 아들 김병필과 조카 김병국, 김병학 역시 이곳에

백세청풍 김상용의 집터에 남아 있는 바위 글씨. 우암 송시열이 쓴 것으로 전해진다.

● 4. 위풍당당한 세도가 ●

태고정 김상용의 종증조부 김영이 청풍계(종로 청운동)에 건립한 저택의 그림. 청풍계는 당시 장안 최고의 경관을 자랑하는 명소였다.

살고 있었다. 한편 교동에 살고 있었던 쪽은 김조순과 그의 아들인 김유근, 김좌근, 그리고 손자였던 김병기였다.

철종은 김좌근을 가장 어려워해서 나라의 문제를 결정할 때도 늘 "교동의 아저씨가 아는 일인가?"라고 물었다고 한다. 철종이 말한 교동의 아저씨란 바로 김좌근을 이르는 말이었다. 그만큼 김좌근의 위세가 굉장했다는 것은 물론, 철종이 얼마나 자신감이 없었는지를 보여주는 단적인 일화이다.

세상은 이제 안동김씨의 천하였다. 어떻게든 잘 보여 지방의 벼슬자리 하나라도 얻으려는 사람들은 뇌물과 선물들을 바리바리 싸들고 교동과 전동으로 찾아들었다. 이제 국가를 위해 충절을 다했던 선조들의 이름은 퇴색했고, 안동김씨의 일원들은 자신이 누리

171

고 있는 특권을 마음껏 휘둘렀다. 교동과 전동의 시절이라는 속어가 여기에서 나왔다. 물론 처음에는 교동의 안동김씨들이 훨씬 강력했다.

그런데 김문근이 철종의 장인이 되고, 김조순의 딸 순원왕후 김씨가 세상을 떠나게 되자 전동의 세력은 차츰 교동보다도 강력해졌다. 김문근을 비롯한 전동 세력들은 김좌근의 일파를 철저히 견제했으며, 다른 안동김씨들도 어느 쪽의 편을 들까 저울질하다가 전동 쪽에 붙는 이들이 생겨났다. 이제 같은 안동김씨 사이에서도 세력다툼이 일어난 것이다. 이 사건은 권력이란 결국 타락과 분열을 야기할 뿐임을 확인해주지만 다른 한편으로 세도정치의 근원이 어디에서 나왔는지를 확인할 수 있게 해준다. 아무리 실권이 없는 허수아비라고는 해도 나라의 주인은 여전히 왕이었고, 상징이든 어떻든 권력의 향방을 쥐고 있었다. 누가 왕의 배필이 되고 외척이 되느냐가 왕비 친정붙이의 몰락과 번성을 초래하는 열쇠가 되었다.

그토록 강력한 세도를 누리면서, 어째서 안동김씨는 왕이 되려 하지 않았는가? 왕을 꼭두각시이자 새장 속의 새로 만들면서도 어째서 국성(國姓)을 김씨로 바꾸려 하지 않았던 것일까 하는 의문이 들기도 한다. 사실 정조 이후로 조선의 왕은 매우 어리거나 무능했으며, 다음 계승자를 찾기 위해 족보를 탈탈 털어야 할 만큼 손이 귀했다. 그러니 안동김씨로서는 마음만 먹는다면 당장 왕실을 갈아치우고 그들의 나라를 세울 수도 있었을 것이다.

그러나 왕은 하늘이 내리는 것이고, 그들은 어디까지나 왕의 신하였다. 왕을 잘 보좌해서 나라의 기틀을 다지고 백성이 편안하게

● 4. 위풍당당한 세도가 ●

김좌근 고택 안동김씨 세도의 중심인물 김좌근의 고택 전경. 경기도 여주에 있다.

살 수 있도록 하는 것이 곧 신하된 자의 도리이며 이것이 조상 때부터 내려온 가문의 충절이라는 것을 너무 잘 알고 있었다. 그러기 위해서는 왕이 필요했으며, 그 결과 자신들의 권력이 사라지고 생명을 위협받는다 해도 그들 스스로 왕이 되는 일은 없었다. 어쩌면 수백 년의 가통을 이어받아온 온 명문 가문이라는 것 자체가 하나의 족쇄가 되었을 수도 있다. 그들이 창건의 영웅이 아닌, 권신으로 남은 것도 그 때문이다.

결국 세도정치란, 양반들이 나라의 전권을 장악하고 누리고 있었던 게 아니라 어디까지나 왕이 제 역할을 못하는 특수상황에서 그에 기생한 권신 가문들이 왕을 대신하는 정치체제였다. 그렇기 때문에 비록 세도정치가 가장 타락한 정치형태로 비판을 받고 있지만, 어떻게 본다면 가장 사대부다운 정치체제였다. 따라서 혼자서 통치하는 것은 불가능했고, 새로운 외척이 등장하여 자신들의 왕을 잃으면 맥없이 힘을 잃고 무너졌다.

흥선대원군이 역사의 전면에 나타난 이후 어떻게 안동김씨가 몰락했는지를 보면 그 점을 쉽게 이해할 수 있다. 흥선대원군은 고종의 아내를 여흥민씨 가문에서 골랐고, 외척이라는 명분을 잃은 안동김씨의 세도정치는 그대로 주저앉아버렸다.

조선 말의 지사(志士) 황현(黃玹)은 『매천야록』을 지어 경험하거나 견문한 바를 기록해놓았다. 그는 나라의 흥망에 즈음하여 안동김씨 60년의 세도가 망국의 길을 재촉했다고 설파한 바 있다.

장동김씨 선조에 선원 김상용, 청음 김상헌, 문곡 김수항, 몽와 김창집 등은 덕망과 공훈으로 온 나라의 선망을 받았고, 김조순도 문장과 국사에 숙련된 솜씨를 발휘하여 덕망 높은 분으로 칭송을 받았다.

그러나 그의 자손들은 탐욕과 사치만 부려 외척이 국가를 망치는 화근이 되었다.

● 4. 위풍당당한 세도가 ●

🉑 가문의 몰락

　안동김씨를 중심으로 한 세도정치의 번성은 수백 년간 진통을 앓아온 당파싸움의 종말을 뜻했다. 물론 소소한 정쟁(政爭)은 끊이지 않았지만 안동김씨가 정권을 잡은 뒤로 숙종 대와 같은 극심한 당파와 환국은 다시 벌어지지 않았으니 겉으로는 나라에 평화와 안정이 찾아온 것처럼 보였다. 문제는 이런 시기에 올바른 방향으로 백성을 위한 정치를 펴지 못했다는 것이다. 이미 혈연, 학연으로 묶인 세도정치는 부정과 부패 그리고 각종 폐단에 대한 자정능력을 잃었다. 거듭 민란이 일어나도 민란을 일으킨 백성들만이 억울하게 처형당하고 더욱 억눌림 당할 뿐 정작 그 원인을 제공한 탐관오리들은 무사했다. 문제의 근본조차 해결되지 못했음은 물론이다.
　게다가 바다에는 검은 연기를 내어뿜는 이양선(異樣船)들이 출몰했다는 소문이 돌기 시작했다. 일본은 이미 미국의 페리 제독에 의해 문호가 개방되고 서구식 근대화가 시작됐다. 청나라도 힘없는 종이 호랑이가 되어 서구 열강들에게 시달리고 있었다. 그들은 근대식 군함과 무기를 앞세워 중국을 유린해나갔다. 국제정세가 이런 와중에도 조선은 세도정치라는 울타리 안에 틀어박힌 채 바깥을 내다보려 하지 않았다. 이미 정권을 잡은 이들에게 가장 중요한 것은 지금의 권력을 유지하는 것, 그리고 풍류와 여유로운 삶이었지, 외국의 사정이나 백성들의 고단한 삶, 나라의 암담한 미래는 관심 밖이었다.
　그렇기 때문에 세도정치의 중심에 있던 안동김씨들이 나라를 망

쳤다는 비난을 받는 것도 사실이다. 안동김씨들이 권력을 쥐고 있었다고는 하지만, 여기에 반대하거나 저항하지 않고 함께 동반했던 많은 가문들도 있었다는 것도 감안해야 한다. 그리고 마침내 고종이 즉위하고 흥선대원군이 전권을 잡을 때까지, 안동김씨를 포함한 조선의 모든 지배층들은 깊은 단잠에 빠져 있었다.

고종의 즉위

1863년 12월 8일, 조선의 25대 왕 철종이 승하했다. 재위한 지 14년, 아직 33세로 젊은 나이였다. 후계자는 없었다. 슬하에 영혜옹주 하나만 있었다. 선대의 왕 헌종이 23세의 나이로 후사없이 죽은 뒤로 2대째 계승 문제가 발생한 것이다.

철종의 치세 동안 지방에서는 농민들의 민란이 일어나고 자연재해가 끊이지 않았지만 안동김씨에게는 최대의 황금기였다. 이미 순조 때부터 안동김씨는 왕비를 배출해왔지만 안동김씨 출신인 철인왕후(哲仁王后) 김씨가 철종의 왕비가 된 이후, 안동김씨의 세도는 절정에 달했다.

철종은 첫째 아들도 아닌 셋째로 태어나, 형 회평군 명(懷平君 明)의 옥사 때문에 강화도로 유배된 뒤, 그저 농사만 짓다 어느 날 갑자기 옥좌에 앉게 된 처지였다. 허울뿐인 왕을 대신해 나라의 권력은 모두 안동김씨가 틀어쥐었다. 나라를 통치하는 실세는 그들이었다.

물론 철종이 끝까지 어리석은 왕이었던 것은 아니었다. 나이가

● 4. 위풍당당한 세도가 ●

들고 정치에 익숙해진 뒤에는 뭔가 스스로 해보려고 애도 썼다. 하지만 이미 조선은 왕이 혼자서 어떻게 해볼 수 있는 상황이 아니었다. 나라의 땅과 세금을 거두는 전정(田政), 군대를 모으고 나라를 지키는 군정(軍政), 배고파 굶주리는 백성들에게 곡식을 빌려주는 환곡(還穀)이 엉망진창으로 운영되어 이를 일컬어 삼정(三政)의 문란이라 했다. 국가 운영체계의 기본이랄 수 있는 이들 제도들이 흔들리는데 백성들의 삶이 오죽했을까. 관리들은 가난한 백성을 쥐어짰고, 가뭄과 수해 등 자연재해가 끊이지 않았다. 괴로운 삶을 이기지 못해 살던 곳을 떠나 유랑하는 백성들도 늘어나고 민란은 계속되었다. 진주민란이 일어난 것도 이때였다.

철종은 한미한 강화도 농촌 출신으로 강화도령이라는 놀림까지 받았지만, 한편으로는 가장 곤궁하고 비천한 지경에서 살았기에 백성들의 고된 삶을 잘 알았던 왕이었다. 하지만 그에게는 정조처럼 그를 믿고 따르는 충직한 신하들이 없었다. 철종의 주변에는 안동김씨라는 장벽이 몇 겹이나 둘러처져 있어 다른 인재들이 들어설 틈이 없었다.

안동김씨들은 비변사를 장악하여 고위 관직을 계속 독점했으며, 군영 역시 장악해서 군사력마저도 틀어쥐고 있었다. 이런 사정 앞에서 임금도 어쩔 수 없었으리라. 철종이 그처럼 젊은 나이에 일찍 죽게 된 것은 단순히 방탕한 생활에 젖어서만이 아니라, 나라의 왕이면서도 무엇 하나 제대로 하지 못하는 스스로에 대한 무력감 때문일지도 모른다.

이제 그런 철종이 세상을 떠났다. 어차피 더 이상 마땅한 왕족 혈손도 없는 처지였다. 다음 왕은 누가 될 것인가? 세간의 관심은

177

철종 강화도령이라는 별칭을 가진 철종은 세도정치의 가장 큰 피해자였다.(국립고궁박물관 소장)

그의 죽음보다도 눈앞의 왕위계승 문제에 집중되었다. 이때 헌종의 어머니이자 풍양조씨 출신인 신정왕후 조씨의 입김이 작용해 영조의 현손인 흥선군(興宣君) 이하응(李昰應)의 둘째 아들 명복(命福)을 후계자로 밀었다. 안동김씨마저 명복이 왕이 되는 것에 별다른 반대가 없었다. 안동김씨들은 다만 흥선군이 왕의 아버지로서 정치에 간여하게 되는 것만 막으면 될 줄 알았다.

설령 이하응이 대원군이 되어 정권에 간여하게 된다 해도, 이명복은 이미 안동김씨 일문의 김병학의 딸과 혼인을 약속한 처지였다. 어떻게 되든 안동김씨는 다시금 외척의 지위에 서고, 그들의 세도는 흔들릴 리 없었다. 아니 그렇게 믿고 있었다.

"흥선군의 둘째 아들, 명복(命福)으로 익종의 대통을 계승하라"는 대왕대비 조씨의 언문교지가 내려졌고, 또한 새 왕을 영입하기 전에 우선 익성군(翼成君)으로 봉작하라 하였다. 마침내 1864년 12월 13일, 익성군 이명복은 조선의 26대 왕으로 즉위했다. 그가 바로 고종(高宗)이다.

🔴 세도정치의 종말

고종이 왕위에 오르게 된 배경에는 삼정문란에 대한 전국적인 민란과 외척세도의 부패, 탐관의 득세 등 세도정치의 폐해에 대한 반발도 있었지만 흥선군의 노력과 활약도 무시할 수 없었다. 그는 이미 조대비의 조카 조성하·조영하 등과 친교를 맺고, 이들을 통해 조대비와 손을 잡았다. 또한 원로대신 정원용이나 박규수의 양해를 구해두었다. 뿐만 아니라 안동김씨 중에서 비교적 관용성이 있다고 하는 김병국에게도 접근하여 그의 후의를 받았던 것이다. 고종이 즉위하자, 흥선대원군의 반격이 시작된다. 그는 대원군이 되자마자 민치록의 딸을 고종의 짝으로 맺어주었다. 안동김씨의 위세를 꺾어버리기 위한 술책임이 틀림없었다. 일부러 아들의 처가로 힘없는, 그것도 아버지가 일찍 세상을 뜬 고아를 데려다 며느리로 삼았던 것이다. 그녀가 바로 명성황후 민씨다. 하지만 우리는 흥선대원군의 시도가 실패로 돌아갔으며, 명성황후는 자신의 처가를 구축하여 주도적으로 흥선대원군을 몰아내는 역할을 했다는 사실을 잘 알고 있다. 한편 결혼도 하기 전에 소박을 맞아버린 김병학의 딸은 조신희(趙臣熙)에게 출가하였다. 조신희는 대사성·이조참판·중추원의관·궁내부특진관 등을 역임한 인물이었으니 딸의 일생을 위해서 혼담이 깨진 것이 훨씬 다행한 일이었을지도 모른다.

왕의 아버지로서 새로운 권력자로 부상한 흥선대원군은 왕실의 위신을 세우고 왕의 권력을 강화하는 데 최고의 목표를 두고 있었다. 그 목표를 위해서는 이제까지 정치 요직을 독점하고 있었던 안동김씨 세력부터 분쇄해야 했다. 흥선대원군의 개혁은 비변사의 권한을 줄이는 것부터 시작했다. 앞에서 말했듯이 비변사는 조선 후기 권력의 중심으로, 김조순 이후로 안동김씨들이 실권을 장악하고 있었다.

개혁이란 한달음에 가능한 것이 아니다. 젊은 시절부터 권문세가로부터 멸시를 받아왔던 흥선대원군은 기다리며 인내하는 법을 잘 알고 있었다. 1864년(고종 1) 2월 흥선대원군은 우선 비변사와

● 4. 위풍당당한 세도가 ●

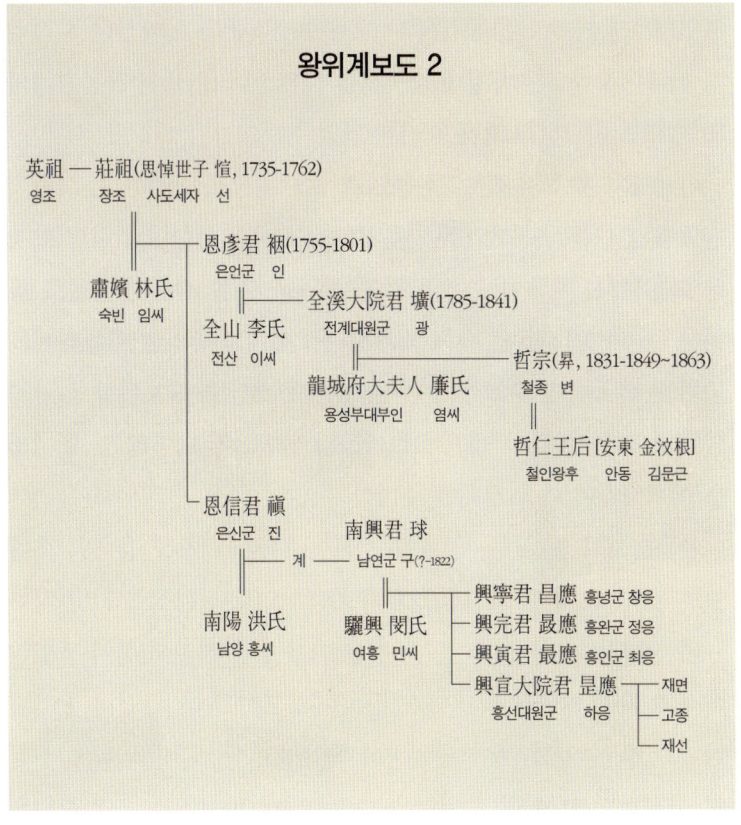

의정부의 업무를 나누었다. 이제까지 비변사가 너무 지나친 권력을 휘둘러 의정부는 사실상 껍데기만 남아 있었다. 흥선대원군이 취한 조치는 비변사에 국방 및 외교를 맡기고 그 외의 행정업무는 의정부에 넘기는 것이었다. 정확히 말하면 본래의 역할로 돌아가는 것이었다. 흥선대원군의 이러한 정부기구 개편은 주효했다. 마침내 흥선대원군은 안동김씨의 지도자인 김좌근을 영의정 자리에서 쫓아내고, 그 아들 김병기를 광주유수로 삼아 벼슬을 낮출 수 있었다. 그 외에도 안동김씨와 그 추종세력들을 하나하나 물러나게 한 뒤, 고종 2년 마침내 비변사를 해체한다. 이로써 안동김씨의 60년 세도는 서서히 막을 내리게 되었다.

이제까지 계속 세도정치의 어두운 그림자들을 살펴왔다. 그런데 안동김씨 사람들이 죄다 후안무치(厚顔無恥)한 인물이냐 하면 그것은 아니었다. 비록 허수아비 왕을 세우고, 거듭 김문의 딸들로 왕비를 들이며 자신들의 세력을 유지하려 했지만 중앙의 안동김씨들 중에는 선조에게 부끄럽지 않은 후손으로 남고자 노력한 사람도 있었다. 그런 이들이 있었기에 안동김씨는 쓰러지지 않고 그 명맥을 이어나가며 다음 시대를 준비할 수 있었다.

안동김씨의 일문 중, 김병기는 흥선대원군과 가장 앙숙인 사이였다. 그는 본디 김영근(金泳根)의 아들이었으나 자식이 없던 김좌근의 양자가 되었다. 재미있는 것은 그가 젊은 시절에 이미 궁도령이라 불리며 지탄을 받던 흥선군 이하응과 교우가 있었다는 것이다. 그런 인연일까? 흥선대원군이 들어서고 안동김씨의 위세가 꺾인 이후로도 그는 내내 벼슬을 유지하면서 판서직까지 역임했다. 이렇게 본다면 흥선대원군도 젊은 시절의 인연에는 약했다거나 김병기와 특별한 인연이 있었다고 생각하기 쉽겠지만 실상은 그 반대였다. 흥선대원군과 김병기 사이는 사실상 최악이었다. 흥선대원군은 권력을 잡은 초기, 가장 위풍당당하던 무렵에 내로라하는 벼슬아치들을 모아놓고 이처럼 포부를 밝혔다.

내가 천리를 지척으로 줄이고 태산을 깎아 평지로 만들고 남대문을 3층으로 높이려고 합니다.

● 4. 위풍당당한 세도가 ●

그 자리에 있던 사람들 대부분은 뜻을 알아듣지 못해 서로의 얼굴만을 보고 있던 차에 김병기가 자리를 박차고 일어났다.

천리를 지척으로 압축하려 하면 지척이 되고, 남대문도 3층이 될 것입니다. 지금 대감께서 무슨 일인들 못하겠습니까?

김병기만은 흥선대원군의 숨은 뜻을 알아차린 것이다. 천리를 줄인다는 것은 종친을 높이겠다는 뜻이며, 남대문을 높이겠다는 것은 이제까지 소외당해 있던 남인들을 우대하겠다는 것이다. 어느 쪽으로나 안동김씨들을 억누르겠다는 말이니 김병기는 못내 불쾌했던 것이다. 김병기가 흥선대원군의 속내를 잘 꿰뚫어보았고, 이는 다시 말해 그만큼 돌아가는 정세를 잘 알고 있었다는 말이다. 그 자리를 휑하니 떠나버린 김병기를 두고 흥선대원군은 혼자 잘난 척한다며 허탄(虛誕)없이 말했지만 마음마저 그런 것은 아니었다. 이후로도 흥선대원군은 김병기를 몇 번이나 제거하려 했지만 그들 가문의 위세 때문에 결국 성공하지 못했다.

1866년(고종 3) 흥선대원군의 천주교 탄압의 보복으로 프랑스 함대가 강화도를 침입한 병인양요가 벌어졌을 때, 김병기는 여주 땅에서 은거하고 있었다. 이양선이 쳐들어오고 나라 안은 온통 혼란해져 피난민이 사방에 넘쳐나게 되었다. 사람들이 두려워하고 우왕좌왕하는 와중에도 김병기는 가족들에게 다음과 같이 일렀다.

우리는 대대로 나라의 은혜를 받고 살아왔으므로 사직과 함께 존망을 같이해야 하니 너희들은 죽음을 두려워하지 말라.

그러면서 가족들을 이끌고 피난을 가는 사람들을 거슬러 한성으로 들어왔다고 한다. 김병기는 양반으로서, 그리고 나라의 녹을 먹은 자로서 자존심과 긍지가 있었으며 그것을 실현하는 용기 또한 가지고 있었다. 사지 멀쩡한 사람들도 전쟁이 두려워 달아나는데, 김병기는 오히려 가족들을 서울로 인솔했다. 김병기가 이처럼 도성으로 돌아온 이유는 안동김씨로서의 긍지가 발현된 때문이었다. 나라의 은혜를 받으며 살아왔으니 나라와 운명을 함께해야 한다. 이는 많은 학자와 선인들이 말해오는 바였다. 하지만 정말로 위급한 순간에 그것을 제대로 실현할 수 있는 사람이 몇이나 될까. 비록 김병기는 김좌근의 양아들이자 세도정치의 적자로서 권세를 마음껏 누리고 많은 부작용을 초래했지만 그만한 책임감이 있는 사람이었다. 흥선대원군은 이런 김병기의 행동에 대해 듣고 매우 낙심했다고 한다. 자신의 정적인 안동김씨의 기개가 단번에 살아나게 되는 것이니 기분 좋을 리 없었다. 대원군은 김병기를 미워하기는 했지만 그의 사람됨에 대해서는 인정했다. 대원군은 "아들을 낳으려면 김병기처럼 웅특(雄特)한 아들을 낳고, 그렇지 않으면 홍원식 형제처럼 단아하고 준수한 아들을 낳아야 한다"는 말을 하곤 하였다.

홍선대원군으로서는 상대에게 내려줄 수 있는 최고의 평가가 아니었을까. 김병기의 처신과 행동은 바로 안동김씨의 일문이 많은 부정부패를 저질렀어도 멸문당하지 않고, 계속 가문의 역사를 이을 수 있었던 원동력 중 하나였다.

김병기와 같은 사람이 안동김씨 문중에 또 있었으니 그가 바로 김병덕이다. 그는 좌의정의 자리에까지 올랐지만 자신을 가다듬고

4. 위풍당당한 세도가

흐트러지지 않도록 애쓴 사람이었다. 그는 높은 벼슬에 올랐어도 손수 아버지의 방 청소와 이부자리 개는 일을 멈추지 않았고, 한 상에 고기반찬을 두 가지 이상 올리지 못하게 했다. 또 같은 일가 친척이라고는 하지만 안동김씨의 세도가 어느 집안으로 옮겨갔다면 그 집안 문전에는 일절 발길을 끊었다. 사촌 아우인 김병시의 권세가 하늘을 찌를 듯하자 불러다 몸가짐을 바로 하라고 야단을 쳤다고 하니, 그 사람의 성품을 알 만하다.

세상은 그를 일러 회색당상(灰色堂上)이라고 했다. 김병덕이 한 번 버선을 신으면 서너 달이나 연거푸 신어 때가 타서 회색빛이었기 때문이라고 한다. 빨지 않았다는 것이 아니라 당시 풍족한 양반들이 늘 새 천으로 버선을 만들어 신었던 것과 달리 김병덕은 검소하게 헌 버선을 사용했다는 뜻이다.

당시의 재상들에 대한 인물평에 인색한 황현도 『매천야록』에서 김병덕에 대해 '그는 검소하고 청백하여 옛날의 명유에 비하여 조금도 부끄러울 것이 없었다'고 하여 비교적 후한 평가를 내리고 있다. 그런 김병덕이 청의 사신을 맞았을 때의 일화가 『매천야록』에 전한다.

    본디 청나라 사신은 조선을 드나들며 이런저런 트집을 잡아 막대한 뇌물을 요구하는 것이 다반사였다. 평양 감영에 있을 때 그는 원접사로 임명되어 의주에서 청국의 칙사를 맞이하게 되었다. 그가 그곳으로 갈 때 교자를 타고 갔는데 그 교자는 하인 두 명이 메고 갔다. 그렇게 초라한 행차에 경비도 저렴하게 썼고 음식값도 검소하게 사용하였다. 그리고 숙소도 관에서 정한 장소로 하였고 밤이면 방문을 자물쇠로 채워 사람들이 무단히 드나들지 못하게 했다.

　그가 용천에 도착했을 때는 청나라 칙사가 주방 일을 보는 아전이 칙사 대접에 소홀하니 그를 치죄하라고 김병덕에게 요구하였다. 김병덕은 거짓으로 크게 화를 내는 것처럼 꾸미고 그의 목을 베라고 하므로 상하 관원이 서로 그를 만류하였으나 그는 끝내 듣지 않고, "감히 황제의 칙사의 비위를 거스르고도 죽지 않기를 바라느냐? 오직 바라는 것이 있다면 내 과실도 나누어 나를 간하는 사람도 함께 죽으리라"고 하였다. 그 주방 아전은 어찌할 도리가 없어 자신의 아내와 어머니를 시켜 역관들에게 애걸하여 목숨만 살려달라고 하였다.

　청나라 칙사는 이 소문을 듣고 놀라, "내가 조선에 들어와서 남에게 좋은 말은 나지 않고 공연히 사람만 죽인다고 하면 사람들이 나를 어떻게 생각하겠는가? 내가 접빈사에게 부탁한 말은 그를 매로 쳐서 징계하려고 하였던 것이지 어찌 죽이려고까지 한 것이겠는가?"라고 하였다. 이 말을 역관에게 시켜 자기의 뜻을 김병덕에게 알렸으나 김병덕은 그의 말을 듣지 않고 "나는 나의 책임을 다할 뿐이다"라고 하였다. 이에 칙사가 빈관까지 와서 그를 풀어달라고 간청하자 김병덕은 못 이긴 척하면서 허락하였지만 칙사 앞에서 그를 곤장으로 수십 대 쳐서 뜨락에 유혈이 낭자하게 한 후 그를 죽은 사람처럼 끄집어내보냈다. 그 후 숙소로 돌아간 칙사가 수행자들에게 혀를 내두르면서 말하기를, "김 대인(大人)은 무서운 분이다. 작은 죄를 지은 사람을 그렇게 죽이니 이곳을 어찌 범할 수 있겠느냐"고 하였다. 이때부터 그는 일행을 단속하여 함부로 돈 한 푼도 요구하지 않고 예전처럼 예우를 하지 않는다고 책망도 하지 않았으므로 천릿길을 가도록 사람 소리가 들리지 않았고, 그가 귀국할 때도 이와 마찬가지로 숙연하였으므로 백성들은 칙사가 행차한 줄도 몰랐다.

그러니 그를 맞을 때와 보낼 때의 비용이 옛날에 비해 10분의 2밖에 되지 않았으므로 서도(西道) 사람들은 대국을 섬긴 지 500년 만에 처음 있는 일이라 하였다. 이것은 당나라 마수(馬燧)가 위구르 사신을 대한 술책으로서 김병덕의 술법이 우연히 그것과 맞아떨어진 것이다.

김병덕의 성품은 고상하고 냉정하여 아무 권력과 술수가 없었지만 백성을 사랑하는 마음이 간절하기 때문에 이런 꾀가 나온 것이다.

『매천야록』 제1권

이런 사람이니 안동김씨 세도정치의 몰락 이후에도 중하게 쓰이지 않을 수 없었다. 그는 1881년(고종 18) 평안감사가 되어 부임하였다. 다음 해 임오군란이 일어나고 세상이 어지러워지자 양자인 김조균(金祚均)이 서울의 가솔을 이끌고 평양으로 피난을 왔는데, 김병덕은 오히려 아들을 꾸짖었다.

우리는 세신대족(世臣大族)으로 한성이 아무리 위험하다 하더라도 남들보다 먼저 피난을 하여 백성들의 노여움을 사서는 안 될 일이다.

그나마 당장 내쫓지 않고 하룻밤을 지내게 한 것이 육친으로서의 정이었던 것 같다. 결국 김조균은 눈물을 흘리며 한성으로 되돌아갔다. 김병덕이 찬돌[寒水石]이라고 불릴 정도로 청탁을 받지 않고, 밤에 잘 때 아주 문을 열쇠로 걸어 잠가두어 사람이 찾아오지 못하게 할 정도였다는 것을 알고 있던 고종은 공정한 과거의 시험관으로 늘 김병덕을 임명했다고 한다.

나주의 조개, 나합

김좌근에게는 나합(羅閤)이라는 첩이 있었다. 양씨(梁氏) 성을 지닌 그녀는 나주 출신으로 농민의 딸이었다. 그러나 미모와 재주가 뛰어나 기생이 되었다가 김좌근의 눈에 들어 소실 자리까지 얻었다. 그런데 나합은 첩으로만 지낸 것이 아니라 정치에까지 간여했다. 남편인 김좌근과 그의 아들 김병기의 권력을 빌려 조정과 지방관의 인사권을 쥐고 흔들었다. 지방의 현감이나 목사는 말할 것도 없고 육조판서도 나합의 말 한마디에 등용이 좌지우지될 지경이었다고 한다. 당시 평안감사도 나합의 버선코에 이마를 조아려야 자리를 보전할 수 있다는 말이 백성들 사이에 공공연하게 퍼져 있었다.

나합이 서울에서 권세를 떨치자 나주에 있던 나합의 일가 친척들도 덩달아 눈뜨고는 차마 볼 수 없을 정도로 횡포를 부려 백성의 원성을 샀다.

한창 무더운 백중날(음력 7월 보름날), 한강에서는 기이한 풍경이 벌어졌다. 나합이 김좌근의 장수와 자신의 영화를 구하고자 백성들은 평상시 구경도 못하는 쌀밥을 물고기에게 뿌려주기 위해 배를 띄운 것이다. 못먹고 굶주린 백성들은 혹시 남은 밥이라고 얻어먹을 수 있을까 하여 한강에 구름처럼 모여들었다. 밥을 뿌리는 시반선(施飯船)은 세 척이었지만 나합에 붙어 아첨하는 고관의 부인들이 합세하여 10여 척의 배들이 한강에 떠서 일대 장관을 이루었다. 스무 섬의 쌀로 지은 눈부신 쌀밥을 주먹만 한 크기로 뭉쳐 강물에 던지는 이 행사를 보면서 강가에 늘어선 백성들은 허기진 배

4. 위풍당당한 세도가

를 움켜쥐며 배고픔을 달래야 했다.

이때 불청객 이하응이 들이닥쳐 횡포를 부리며 남은 밥을 백성들에게 나누어주었다. 이를 본 나합은 마음 같아서는 그를 당장 붙잡아 곤장을 치고 싶었으나 왕족이라 어쩔 수 없이 그냥 보고만 있었다. 이 행사는 물고기에게 자비를 베풀어 사해 용왕에게 복을 비는 나합의 연중행사였다.

김좌근은 여색에 놀아난 것이 아니라 나합의 뛰어난 재치와 발랄한 성품을 좋아했던 것 같다. 게다가 김좌근 스스로 정치에 관한 일을 그녀와 상담했는데 그것은 나합이 사람 보는 눈이 있었고 상황 판단도 빨랐기 때문이었다. 가장 중요한 인사문제에 관여한 것 역시 마찬가지의 이유일 것이다.

그녀의 진가는 안동김씨의 세력이 꺾인 뒤 흥선대원군과의 대결에서 드러났다. 정권을 잡게 된 흥선대원군은 안동김씨의 세도를 물리치기 위해 수단과 방법을 가리지 않았고, 그런 와중에 모함이나 음모를 꾸미기도 했다. 흥선대원군은 자객이 자신을 살해하려 했다는 사건을 조작한 뒤, 그 배후에 안동김씨가 있다고 자객을 시켜 거짓 자백하게 하였다. 나합은 미리 이 사실을 감지하고 김좌근에게 경고했으나 남편은 허튼소리라고 무시했고, 결과적으로 안동김씨는 왕의 아버지를 살해하려 했다는 어마어마한 누명을 뒤집어 쓰게 되었다.

흥선대원군은 가장 먼저 나합을 잡아들였다. 자객의 음모가 그녀의 집에서 벌어졌다는 명분이었다. 안동김씨 본가의 사람들을 직접 잡아오는 것보다 첩을 잡아 죄를 실토하게 하는 것이 훨씬 부담이 적고 쉬웠을 것이다. 적어도 흥선대원군은 그렇게 생각했다.

189

김좌근 영세불망비 김좌근의 애첩 나합은 정치에 관여할 정도의 권세를 부렸다. 그녀는 후에 흥선대원군에 맞서 안동김씨 일문의 위기를 막아내기도 했다. 나합의 고향인 나주에 김좌근 구휼비를 보낸 것에 대한 불망비.

하지만 운현궁으로 불려온 나합은 코웃음을 쳤다. 자신은 안동김씨의 제사에도 참여하지 못하는 첩의 신분인데 어떻게 역모에 가담할 수 있겠냐는 것이다.

어차피 있지도 않은 일을 조작하던 차라 대답이 궁색해진 흥선대원군은 엉뚱한 꼬투리를 잡았다. 나합이라는 것은 본디 그녀의 본명이 아니었다. 정1품의 관직에 있는 사람을 합하(閤下)라는 존칭을 붙여 불렀는데 그녀는 나주에서 올라온 합하라는 뜻의 '나주 합하'를 줄여서 나합이라 불렀던 것이다.

● 4. 위풍당당한 세도가 ●

사람들은 그대를 정1품의 합하라 부르는데 무슨 권한으로 권력을 휘둘렀는가?

이러니저러니 해도 나합은 결국 기생이며 첩이었으니 스스로 권력을 가지지 못했다. 그녀가 인사권에 개입할 수 있었던 것 자체가 세도정치의 부산물이었다. 정경부인이나 숙부인이라면 모를까 그 당시에 여자가 벼슬을 가진다는 것은 생각도 못할 일이었다. 안동김씨 일문의 잘못된 세도를 인정하느냐 안 하느냐를 결정짓는 중대한 순간이었다. 하지만 나합은 망설이지 않고 대답했다.

세상 사람들은 여자를 희롱해서 조개[蛤]라고 부릅니다. 세상에서 나를 그렇게 부르는 것은 합하(閤下)가 아니라 전라도 나주에서 난 조개라는 나합(羅蛤)이라는 명칭으로 부르는 것이외다.

여자가 어째서 조개인가? 바로 여자의 성기가 조개를 닮았다고 하는 것이니 체면 차리는 양반이라면 죽어도 입 밖에 내지 못할 상스러운 이야기였다. 배짱이 두둑하고 입마저 건 나합에게 이길 수 없다 생각했는지, 흥선대원군은 결국 그녀를 돌려보냈다. 이로써 안동김씨는 그들에게 닥친 커다란 위기를 벗어나 안도의 한숨을 내쉴 수 있게 되었다.

비록 나합이 많은 뇌물을 받고 관리들을 턱으로 부렸다고는 하지만 당시 웬만큼 세도부리는 사람치고 뇌물을 받지 않은 이는 거의 없었다. 그런데 어째서 나합이 세도정치 부패의 상징이 되었을까? 상대방을 깎아내리고 비난할 때 약점을 잡아내는 것은 기본

191

중의 기본이다. 게다가 자신들과 같은 양반을 비난하기보다는 천한 기생 출신의 여인을 욕하는 것이 훨씬 마음의 부담이 덜했을 것이다. 결국 나합 한 사람에게 부정의 모든 책임을 지우는 것은 그녀를 희생양으로 만들어 그 시대의 죄를 가리는 온당하지 못한 처사이다.

양반 집안의 서녀도 아닌 농민 출신, 그것도 기생이었던 여성을 데리고 하루 이틀 즐기는 것이 아니라 첩으로까지 들여 살게 했던 김좌근의 아량에 놀라게 된다. 그는 그녀를 들임으로써 자신의 위신과 체면에 얼마 만큼 흠집이 나게 될지 누구보다도 잘 알고 있었을 것이다. 실제로 안동김씨를 비난하는 데 나합은 아주 좋은 꼬투리였지만 그녀는 죽는 날까지 김좌근에게 버림받지 않았다.

권력자에게 빌붙어 시대를 망친 악녀들은 얼마든지 있었다. 하지만 나합에게는 악명뿐 아니라 그녀의 재치를 알려주는 일화들도 함께 전하고 있다. 잘못된 처신으로 안동김씨의 오점이 되었다고는 하지만 동시에 지아비와 일문의 함정을 빗겨가게 했으니 참으로 재미있는 여인이었다. 그러나 흥선대원군에게 말한, 안동김씨의 제사에도 참여할 수 없는 첩의 신분은 언제나 당당했던 그녀의 마음 한 자락에 아쉬움으로 남지 않았을까

제5장

조선의 노블레스 오블리주

노블레스 오블리주를 실천하다

흥선대원군의 등장과 더불어 안동김씨의 60년 세도도 마침내 쇠락하게 된다. 하지만 이것이 안동김씨의 종말을 뜻한 것은 아니었다. 권력의 중심에서 한 발짝 물러났다뿐이지 여전히 가풍과 긍지, 그리고 일족들은 건재했던 것이다.

구한말은 격변의 시기였다. 조선을 침입한 외세들은 나라의 이권들을 하나둘 빼앗아갔고, 그것도 모자라 이 땅에서 전쟁을 벌였다. 마침내 조선은 일본에 나라의 국권마저 빼앗겼다. 그렇다면 이제는 무엇을 할 수 있을까? 조선 왕조 권력의 핵심에서 녹을 먹고 있던 명문의 후예들은 나라가 망해갈 때 어디에서 무엇을 하고 있었을까?

노블레스 오블리주(Noblesse Oblige)라는 말이 있다. 귀족, 즉 사회지도층의 의무를 뜻하는 말이다. 서양의 귀족들은 각종 특권을 누렸지만 그 대신 전쟁에서는 가장 앞에 서서 싸우고 피를 흘렸으며, 약한 자를 보호하고 도왔다. 동양이라고 해서 그 같은 전통이 없었던 것은 아니었다. 요즘만 해도 고위층 자녀의 병역회피라던가 탈세, 부정부패들이 신문에 오르곤 한다. 그들은 그저 부와 권력을 가진 졸부들일 뿐이다. 기득권을 가진 이들이 자긍심을 가지고 책임을 지고 임무를 다할 때야말로 사회의 진정한 성숙을 기대할 수 있을 것이다.

구한말과 일제 시기에 활약했던 정치가, 혹은 독립운동가를 굳이 당색으로 살펴본다면, 노론 출신으로 조완구·조소앙이 있었고 소론 출신으로 이시영·신익희가 있었다. 남인으로 이동녕·홍진이, 북인으로 엄항섭 등이 있다. 그리고 안동김씨의 인물들 역시 있었다. 과연 국난을 맞아 안동김씨들은 어떻게 행동했을까.

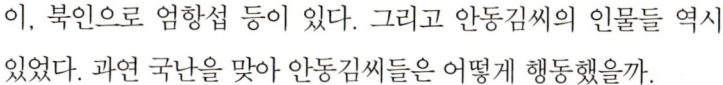 개화의 주역, 김옥균

개화파의 주역 김옥균(金玉均)도 안동김씨의 일문이었다. 하지만 그는 2상(二尙) 이후로 장동김씨라고 하는 안동김씨 세도의 중심부에 자리하고 있던 일파가 아닌 비주류였다. 우선 그는 공주에서 김병태(金炳台)의 장남으로 태어났지만 일곱 살 때 아들이 없던 재종숙 김병기(金炳基)에게 입양되어 서울로 보내졌다. 이후 1872년(고종 9) 실시된 알성 문과에서 장원으로 급제하여 사헌부 감찰로 벼슬을 시작했고, 그 후 사간원 정언, 홍문관 교리로 승진을 거듭했다. 김옥균은 재주가 빼어나고 총명했지만 관직생활은 그다지 순탄하지 않았다고 한다. 한편 우의정이었던 박규수와 한의(漢醫)였던 유홍기를 만나 실학은 물론 개화사상까지 받아들였는데 이런 점만 보아도 김옥균이 정통 안동김씨의 가풍에서 어딘지 한 발짝 떨어져 있음을 확인할 수 있다.

김옥균 스스로가 안동김씨라는 자신의 가문에 어느 정도의 자긍심을 가졌는지는 분명하지 않다. 김옥균이 세상에 나왔을 즈음 이미 안동김씨의 세도는 크게 수그러들었고, 흥선대원군도 정치 일선에서 한걸음 물러서 있었다. 이를 대신한 쪽은 명성황후와 그녀의 외척이었던 여흥민씨들이었다. 그들은 안동김씨와 흥선대원군이 그랬던 것처럼 권세와 영욕을 누렸다.

김옥균 개화파의 주역 김옥균. 그가 주도했던 갑신정변은 삼일천하로 끝나고 만다.

그러나 김옥균의 관심을 끈 것은 바로 개화였다. 흥선대원군의 척화 정책은 이제 그 힘을 잃었고, 외국 열강들은 열려진 조선의 문호를 통해 거침없이 들어오고 있었다. 조선이 이전부터 야만인이라 깔보았던 일본은 이미 상당한 수준의 근대화를 성사시켰다. 1882년 신사유람단원의 일원으로 일본에 건너간 김옥균은 일본의 서구화와 발전상을 목격하고 커다란 충격을 받는다. 아직 32세의 젊은 나이였던 김옥균은 일본처럼 변화한 조선을 꿈꾸기에 충분했다. 그리고 박영효·홍영식·서광범·서재필 등 이후 개화당이라 불린 동료들과 함께 정변을 모의했다. 우정국의 기념 행사장을 무대로 정변을 일으켜 민씨 일파들을 처단하고 정권을 잡았으니 이것이 갑신정변이다. 하지만 정변은 고작 3일 만에 실패로 돌아갔다. 청나라가 개입하고, 원조를 약속한 일본이 배신했다고는 하지만 삼일천하의 쿠데타란, 이들이 얼마나 준비되지 않은 상황에서 정권을 잡고자 했는지 알 수 있다. 게다가 백성들은 달아나는 개화파 사람들에게 돌을 던질 만큼 그들을 증오했다. 양반들은 물론 백성들조차도 이해시키지 못한 위로부터의 개혁이 가진 한계였다.

하지만 김옥균을 두고 평가한 글들은 그의 재기발랄함과 뛰어난 재능을 언급하고 있다. 우선 개화당의 일원이자 철종의 사위였던 박영효는 김옥균을 다음과 같이 평가했다.

김옥균의 장점은 교유(交遊)요. 교유가 참 능하고, 글 잘하고, 말 잘하고, 시·문·서·화 다 잘하오.

일본의 낭인(浪人) 도야마(頭山滿) 역시 이와 비슷한 평가를 남겼다.

피부 색깔은 희고 얼굴은 컸으며 키가 크고 골격이 굳세어서 일견 장사와 같은 모습을 하였다. 그 위에 예의 화려한 풍격과 현하(懸河)의 변(辯), 사람들에게 관심을 갖게 하는 화술을 갖고 있음에 있어서랴. 대부분의 사람들은 굴복하게 된다. 시문, 서, 골동, 조각, 무엇이든지 잘 하였다.

많은 이들이 김옥균의 사람 모으는 능력과 다양한 재주를 높이 평가하고 있었다. 그런데도 갑신정변은 실패로 돌아갔고, 마침내 그 자신의 생명마저 앗아갔다. 갑작스러운 정변으로 일가친척들을 잃은 여흥민씨와 수구세력들은 김옥균의 정권이 무너지자마자 대대적인 복수에 착수했다. 개혁이 실패로 돌아간 뒤 김옥균은 중국으로 건너가 당시의 권력자 이홍장과 만나려 했지만 프랑스 유학생이던 홍종우에게 암살당하고 말았다. 그의 시체는 조선으로 보내져 능지처참을 당했는데 그 참혹함이란 이루 말할 수 없었다. 시체를 조각조각을 도려내어 조선 팔도에 돌리고 땅에 묻히지도 못하게 했으니 인간에게 내릴 수 있는 가장 혹독한 처분이었다.

그래도 평소 김옥균을 존경하던 한 일본인이 몰래 시신 일부와 유품을 빼돌렸고, 도쿄의 혼간사(本願寺)에서 장례를 치르고 근처에 묻었다. 그 후 시신에서 거둔 머리카락과 손톱·발톱 등을 당시 아산군수였던 양아들 김영진이 일본의 외인묘지에서 가져와, 김옥균은 충남 아산의 음봉 땅에 묻힐 수 있었다. 개혁을 통해 조선의 미래를 바꾸고자 했던 인물의 미래는 매우 처참했다. 하지만 그보다도 그의 진가를 알아보고 진심으로 아까워했던 이들이 조선 사람이 아닌 일본 사람이라는 것은 곱씹어볼 만한 내용이다.

김옥균 자신도 죽임을 당했지만 보복의 광풍은 그의 가족들에게까지 미쳤다. 우선 김옥균의 양가는 부모자식의 인연을 끊는 파연(破緣)의 처분을 받아 많은 피해를 보지 않았지만 본가는 그렇지 못했다. 친아버지 김병태는 눈이 먼 채 천안의 감옥에서 10년을 갇혀 지냈고, 아들 김옥균이 암살당하고 능지처참당한 뒤 교수형에 처해졌다. 동생 김각균 역시 체포되어 대구감옥에서 옥

● 5. 조선의 노블레스 오블리주 ●

김옥균 집터 갑신정변의 실패로 망명을 떠났던 김옥균은 홍종우에게 암살당하고 만다. 개혁을 꿈꾸던 김옥균의 비극적 결말이었다. 종로구 정독도서관 안에 있다.

사했으며, 어머니와 누나, 여동생은 모두 자살을 시도했고 이중 누이동생만이 간신히 살아났으나 나라에서는 죽은 것으로 공표되었다.

김옥균의 가족뿐 아니라, 개화당의 가족들 모두 죽거나 갇히거나 노비가 되는 지독한 고통을 겪어야 했다. 가택은 파헤쳐져 연못으로 만들어졌고, 그들의 가산은 모두 적몰되었다. 이들 모두가 상당한 명문의 집안이었지만 그들이 일시 역적이 되자 집안에서는 그들을 수치로 생각하며 항렬을 고쳐버렸다. 김옥균의 균(均)자를 '규(圭)' 자로, 박영효의 영(泳)자를 '승(勝)' 자로, 서광범의 광(光)자를 '병(丙)' 자로, 서재필의 재(載)자를 '정(廷)' 자로, 홍영식의 식(植)자를 '표(杓)' 자로 바꾸어버린 것이다. 대중의 호응을 얻지 못

도쿄 아오야마의 김옥균 묘 능지처참당한 김옥균의 시신 일부와 유품을 평소 김옥균을 존경했던 일본인이 수습해와 이곳에 안장했다.

했던 조선시대 최초의 개화 시도는 이처럼 비참하게 저물었고, 이후 조선도 그 길을 뒤따르게 되었다.

독립운동에 뛰어든 남작

1876년 일본과 체결했던 강화도 조약으로 이제까지 닫혀 있던 문호를 개방한 후 조선 정세는 급변해갔다. 너무 오래된 평화와 정체 속에서 늙고 둔해져버린 조선이 적응하기에 변화의 속도는 지나치게 빨랐다. 청과 일본은 물론 프랑스, 미국, 영국 등 각국의 움직임에 촉각을 기울였지만 조선은 차츰 무력해졌고 마침내 일본의 손에 국권을 내어주었다. 지난 역사 동안, 외세의 침략을 여러 차례 당했지만 전쟁도 한번 해보지 않고 나라를 송두리째 빼앗긴 적은 처음이었다. 그렇다면 이렇게 급박한 상황 속에서 안동김씨의 인물들은 어떻게 대처했는가?

구한말과 일제강점기에서 특히 주목할 만한 안동김씨가의 인물로 김가진(金嘉鎭)이라는 사람이 있다. 그의 아버지는 예조판서를 지낸 김응균(金應均)이다. 김응균이 안동부사로 있을 때 두 아들을 낳았는데 안동이 본래 영가(永嘉)라는 지명으로 불리웠기 때문에 큰아들 이름을 영진(永鎭)이라 짓고 작은 아들은 가진(嘉鎭)이라 지었다. 비록 서얼 출신이었으나 조선 역사상 최초로 종1품의 벼슬에 오르는 기록을 남겼다. 김가진은 어릴 때부터 사람들을 놀라게 할 정도로 총명했고 마침내 문과에 급제하여 규장각 참서관으로 벼슬을 시작했다. 김가진은 특히 주일공사로 임명되어 4년간을 일본에서 지냈고, 일본통으로 널리 알려졌다. 하지만 이 인연은 훗날의 족쇄가 되었다. 1891년 안동대도호부 부사로 임명되었고 박정양 내각의 농상공부 대신이 되었다가 이후 중추원 의관, 황해도 관찰사, 중추원 의장, 궁내부 특진관, 충청도 관찰사, 규장각 제학이 되고 일제의 국권강탈이 있던 때에는 대한협회 고문이 되었다.

그런데 이때 그의 인생에 일대 오점으로 남은 사건이 벌어졌으니, 한일병합과 더불어 조선총독부로부터 남작(男爵) 작위를 받은 것이다. 그는 오랜 일본 체재로 일본에도 잘 알려져 있었다. 이전 정치체제의 관리들이나 사회적인 지도층에게 작위와 특권을 내림으로써 불만을 상쇄시키는 것은 식민 통치의 기본이었다. 실제로 많은 조선의 관리들이 일본에서 작위를 받아 권력과 부를 만끽했지만 김가진은 이들과 달랐다. 나라를 잃었다는 지독한 실의에 빠진 그는 술과 향락에 빠졌다. 그 결과 가세가 급속히 기울어 아내마저 죽고 첩마저 그를 버리고 떠났다. 당대의 명필로 글씨를 팔아 근근이 생활을 유지하던 차 김가진은 3·1운동을 접하고 충격을 받는다. 이후 김가진은 항일비밀결사인 대동단(大同團)의 총재로 추대되었고, 차츰 기사회생하기 시작한다. 그리고 김가진과 대동단은 의왕 이강과 김가진 자신의 망명을 계획했다. 이들은 상하이 대한민국 임시정부에 연락을 넣었고, 임정 내무총장 안창호는 연통제 요원이던 이종욱(李鍾郁)을 서울로 밀파했다. 그리고 대동단과 협력하여 김가진의 상하이 탈출을 모의했다. 김가진의 상하이 탈출은 거의 첩보영화를 방불케 했다.

1919년 10월 10일, 김가진과 그의 아들 김의한 그 외의 일행들은 일산역(一山驛)을 출발하여 경의선을 타고 신의주를 거쳐 안동역

● 5. 조선의 노블레스 오블리주 ●

으로 탈출했다. 그리고 그곳에서 다시 열차편으로 상하이 임시정부에 합류하는 데 성공했다. 당시 김가진은 이미 74세의 노인이었지만 나라를 생각하는 마음만은 오롯했다.

  그로부터 한 달 뒤에 시도된 의왕의 망명은 결국 실패로 돌아갔지만 김가진의 상하이 탈출은 임시정부가 해낸 주요 성과 중 하나로 거론된다. 실제로 대한제국의 고관 중에 이처럼 독립운동에 직접 참여했던 예는 그가 유일했다. 그리고 이 일은 일본 총독부 경무국을 경악시켰다. 조선의 대신이 임시정부에 가담했다는 것은 조선총독부의 체면을 크게 깎아내리는 것이었고, 반대로 임시정부로서는 대외적인 인식을 높이는 계기가 되었다. 더군다나 이제까지 일본은 상하이 임시정부를 하층민들이 모인 집단이라고 국제외교무대에 선전하고 있었던 것이다. 임시정부는 김가진을 고문으로 추대했고, 이후 그는 무장투쟁을 지지하며 간도로 찾아가려고 했지만 몸이 허락하지 않았다. 그는 조국에서 멀리 떨어진 외국 땅에서 77세를 일기로 세상을 떠났다.

  김가진 이후로 그의 아들과 며느리도 독립운동에 투신했으나 제대로 된 평가를 받지 못한 채 아들 김의한은 납북되었고, 며느리 정정화는 부역자로 몰려 감옥생활을 하는 고초를 겪었다. 그런데도 김가진은 독립유공자 포상에서 탈락했다. 지금 지하철 종로 3가역 2번 출구로 나오면 무릎까지도 오지 않는 작은 기념비 하나가 길가에 놓여 있는데 바로 이곳이 한때 김가진이 살았던 집터였다. 오고 가는 수많은 사람들이 여기 새겨진 사람의 내력을 얼마나 알고 있을까. 아직까지도 상하이 쑹칭링 공원에 누워 있는 그의 유해는 고국으로 돌아오지 못하고 있다. 안타깝게도 문화대혁명 때 홍위병이 봉분과 비석을 파괴한 터라 지금은 흔적도 남아 있지 않다.

만주 독립군의 맹장들, 김좌진과 김종진

한때 『장군의 아들』이라는 소설과 영화가 크게 유행한 적이 있었다. 여기에서 장군이란 바로 만주에서 독립군을 이끌었던 김좌진을 이르는 말이다. 김좌진은 김형규(金衡圭)의 둘째 아들로, 충남 홍성에서 태어났다. 그는 바로 강화도에서 자진했던 김상용의 11대 손이었다. 그는 풍족한 집안에서 자라났지만 밝게 깨인 시대정신을 갖고 있었다.

16세 되던 해, 김좌진(金佐鎭)은 집안의 노비 50여 명을 모아놓고 노비문서를 불태우며 이들을 자유민으로 만들어주었다. 게다가 2천 석이나 되는 집안의 전답을 이들에게 분배하여 먹고 살 수 있는 길을 터주었다. 신분제도가 사라져가던 시기라고는 하지만 이처럼 파격적인 조치를 취한 예는 드물었다.

이후 김좌진은 서울로 올라와 육군무관학교에 입학하였다. 아마도 그는 일찍부터 나라의 자립을 위해 무력의 필요성을 알아차린 듯하다. 이 학교는 1896년 설치된 무관양성학교로, 훗날 임시정부 군무총장을 지낸 노백린(盧伯麟)이 근무하고 있었다.

이곳에서 2년간 교육을 받고 고향으로 돌아온 김좌진은 호명학교(湖明學校)라는 사립학교를 설립한다. 이 학교를 운영하기 위해 김좌진은 80칸이 넘는 대저택을 내놓고, 비루한 초가집에서 살기를 자청했다. 나라의 앞날을 위해서 후세대를 육성하는 교육은 무

● 5. 조선의 노블레스 오블리주 ●

엇보다도 중요하다. 김좌진은 자기 한 몸만을 위하지 않고, 지역민의 자강과 발전을 위해 자신이 가진 것을 아낌없이 내어놓은 것이다. 호명이라는 학교의 이름도 지금의 충청도인 호서지방을 밝게 만든다는 뜻이 아니던가.

1908년 그는 다시 서울로 올라와 기호흥학회, 한성신보, 대한협회, 오성학교 등에 관여하여 애국자강활동에 적극 참여하는 한편, 비밀결사인 신민회에

김종진 강화도에서 순절한 김상용의 후손으로 김좌진과 함께 만주에서 독립운동을 하였다.

도 참석했다. 이런 와중에 국권이 피탈되었고, 김좌진은 나라의 독립을 위한 자금을 마련하기 위해 힘쓰다 체포된다. 그가 수감된 곳은 애국지사들이 고통받은 곳으로 이름난 서대문형무소였다. 2년 6개월 만에 출소하고 대한광복단에 가입하기는 했지만 나날이 가혹해져가는 일제의 탄압에 더 이상 국내에서의 활동은 어렵다고 판단하고 압록강을 건너 만주로 갔다. 아마도 육군무관학교에서의 훈련이 큰 도움이 되었을 것이다. 김좌진은 이곳에서 본격적으로 무장투쟁을 시작하게 된다.

이미 이곳을 거점으로 중광단을 조직하고 있었던 서일(徐一)의 협력을 받아, 김좌진은 일명 북로군정서라고 불렸던 대한군정서(大韓軍政署)라는 무장단체에서 독립군의 사령관으로서 활동했다. 먼저 왕청현 서대파 산중에 비밀리에 사관양성소를 설립하여 독립

운남광무당 김좌진이 입학해 4년간 군사교육과 훈련을 배운 중국 운남성 운남강무학교의 모습.

군 양성에 주력했다. 단순히 일본에 맞서는 것뿐 아니라, 다음 세대의 사관 양성을 준비했다는 데에서 김좌진의 넓은 시야를 재확인할 수 있다. 이곳에 전날의 무관학교 출신이었던 이장녕, 나중소와 신흥무관학교 출신 박영희가 병사들의 훈련을 담당하고, 중국 운남사관학교 출신인 이범석이 합류했다. 하지만 나라의 독립에 기여할 날을 고대하며 훈련을 거듭하던 광복군에게도 시련이 찾아왔다.

이른바 '간도지방 불령선인 소토계획'으로 일본군이 만주와 간도 일대의 독립군을 토벌하려는 대규모 군사작전을 개시한 것이다. 사단 규모의 병력이 투입되었는데 독립군의 병력으로는 도저히 감당할 수 없었다. 독립군은 백두산 쪽으로 후퇴했고, 김좌진은 1920년 9월 제1회 사관연성소 졸업식을 마치고 청산리 방면으로 이동했다. 이때 졸업생은 298명이었다. 그러던 와중 홍범도가 이끌던 부대와 만나고, 함께 일본의 정규군과 싸워 승리를 거두었다. 이것이 바로 독립군 역사에 길이 남을 '청산리 대첩'이다. 전투가 끝난 뒤 대한군정서는 임시정부에 전황을 보고했다. 일본군은 모두 1,254명의 사상자를 냈으며 여기에는 연대장 1명, 대대장 2명이 포함되어 있었다. 부상자는 200여 명에 달했다. 하지만 독립군의 피해는 전사 2명, 부상 2명, 포로 2명이라는 미미한 것으로 완전한 승리이자 쾌거였다. 이 전투로 김좌진은 독립군의 상징으로 세간에 널리 명성을 얻었다. 이후로도 김좌진은 북만주 동포들의 생활을 도우며, 독립군 확충에 힘썼다. 이때 조직한 것이 신민부(新民府)이다. 그 외에도 삼부통합운동을 주재하고 한족총연합회를 조직하는 등 만주지역의 독립운동단체의 통일에 진력했다. 이 무렵, 김좌진에게 또 하나의 협력자가 등장했으니 바로 그의 종제인 김종진이었다.

김종진(金宗鎭) 역시 김상용의 11대손이자 충남 홍성 태생으로, 항렬도 같은 족제(族弟)였다. 열 살이 되었을 때 재당숙 김학규(金學圭)의 양자로 들어가, 서당에서 한학을 배웠다. 일찍부터 나라의 현실과 독립에 관심을 쏟았던 김종진은 겨우 18세에 홍성 장터에서 열린 3·1만세운동 시위의 주동자로 체포되었다. 너무 어린 나이인지라 몇 달 만에 미성년자로 석방되었지만, 서울로 올라와 중

동학교(中東學校)에 입학한 다음에도 학업보다는 독립운동에 주력했다. 그는 일본의 감시가 나날이 심해지자 형 김연진(金淵鎭)이 있는 봉천으로 탈출했다. 하지만 또다시 일본의 감시가 시작되자 이석영(李石榮) 선생의 소개를 받아 베이징으로 망명했다. 독립운동 하면 상하이 임시정부를 생각하는 것이 보통이지만 베이징에서도 나라의 독립을 위해 애쓰는 사람들이 있었다. 이세영, 조성환, 이광, 한진산, 박용만, 최용덕, 서왈보, 송호, 장자일, 박숭병 등이 그들이다. 나라의 독립이라는 동일한 목적을 가지고 있을 뿐이지 그 실현 방법과 사상은 제각기 달랐다. 민족주의, 공산주의는 물론

청산리 전투 기록화 김좌진과 홍범도가 주축이 되어 일본군을 대패시키며 독립군 역사에 길이 남을 전투를 치루었다. 이것이 바로 청산리 전투이다.

외교적인 방법, 무장투쟁, 아나키즘 등 천 가지 만 가지의 독립운동이 있었던 것이다. 다양한 사람들을 만나고 김종진은 서서히 자신만의 국권회복 방법을 찾아낸다. 나라의 국권을 회복하기 위해서는 항일 무력투쟁이 우선되어야 한다는 것과 이를 위해서는 만주지방에서 무력의 조직과 훈련이 필요하다는 것, 그리고 적과 대결할 수 있는 군사적 지식과 훈련을 쌓은 유능한 지도자가 있어야겠다는 것이었다. 김종진은 이회영, 신규식과의 상의 끝에 윈난 성 독군 탕치야오(唐繼堯)에게 찾아가기로 했다. 마침 탕치야오는 한국 청년의 교육과 훈련을 책임질 사람을 찾고 있었다. 김종진은 한

달간의 멀고 험난한 여행을 거쳐 윈난 성의 수도인 쿤밍(昆明)으로 찾아가 운남강무학교(雲南講武學校)에 특별 입학하고, 교도대 2년, 강무대 2년 과정을 거쳐 졸업했다. 이후 동기생인 김노원(金魯源)과 함께 광둥을 지나 상하이에 도착했다. 그러나 임시정부는 이승만이 탄핵된 이후로 계속된 내분으로 혼란 상태였기 때문에 김종진은 임시정부의 어떤 도움도 받을 수 없었다.

결국 김종진은 만주로 떠났지만 여전히 뜻을 함께할 동지를 구할 수 없었다. 당시 중국은 국공내전이 벌어져 국민당과 공산당이 연일 전쟁을 벌이는 등 혼란 상태였다. 이런 와중에 김종진은 또 하나의 동기생 이준수(李俊秀)를 만났고, 세 사람은 상하이(上海), 난징(南京), 우창(武昌), 청두(成都) 등 곳곳을 떠돌아다녔다. 이러던 와중, 한커우에 이르렀을 때 김종진은 선발대로 만주로 떠났다. 선발대라고 해도 세 사람 여비가 없어 남은 돈을 모두 털어 혼자 떠난 것이었다. 가는 도중 이전에 신세를 졌던 이회영을 톈진(天津)에서 만났는데, 그는 칠순의 나이인데도 단칸 토굴에서 남매와 함께 어렵게 살고 있었다. 이처럼 비참한 지경에도 이들은 나라의 앞날을 잊지 않았으니, 참으로 대단하다고밖에 할 수 없다. 이후로도 계속 따라붙는 일본 경찰들의 감시를 피하면서 김종진은 마침내 1927년 10월, 중동선 무단장 역에 도착해 족형(族兄)인 김좌진 장군과 해후했다.

청산리 전투에서 승리했다고는 하나, 독립운동은 차츰 어려워지고 있었다. 교민들에게 걷는 세금은 한계가 있어 경제적으로 어려운 데다가 민족주의와 공산주의의 대립이 심화되고 여기에 일본의 이간질까지 더해졌기에 독립운동은 지지부진해져 있었다. 하지만 같은 혈족이었고 서로를 신뢰하여 굳게 뭉친 터라 김좌진은 김종진에게 전폭적인 지지를 보냈고, 이는 김종진의 활동에 날개를 달아준 격이었다.

김종진은 북만주에 흩어져 있던 여러 독립운동 지도자들을 만났고, 실태조사를 벌이는 한편 교민들을 설득하고 위로하며 순방을 거듭했다. 상하이와 베이징의 동지들과의 연계에도 힘을 쏟았다. 이로써 1929년 7월, 재만조선무정부주의자연맹이 성립되었다.

이즈음 국내에서 소식을 들은 부인이 장녀를 데리고 불원천리 만주로 김종진을 찾아왔다. 고국에서의 이별 이후 10년 만의 해후였다. 부인의 용단에 의해 꿈에도 예상치 못했던 상봉을 하고 10년 만에 처음으로 남들처럼 가정의 모습을 갖추었다. 훗날 아나키스트 이을규가 쓴 『시야 김종진 선생전』에 의하면 김종진은 이때 '가족에 대한 미안한 마음을 금할 길이 없었다'고 솔직한 심정을 털어놓았다고 한다.

마침내 김종진은 김좌진 및 동지들과 함께 만주에 있는 동포의 자주 자치의 협동 조직체인 재만한족총연합회를 결성했다. 그리고 이 연합회를 중심으로 각종 사업을 전개해나갔다. 교민 자녀들의 교육을 위한 중학교 설립을 추진하고, 산시(山市)에다 정미소를 차려 인근 교민들의 쌀을 도정할 수 있게 편의를 제공했다. 당시 중국 상인들이 중간에서 농간을 부리는 일이 많았던 터라 정미소 설립은 농민들의 환영을 받았다.

하지만 이때 생각하지도 못한 비극이 벌어졌다. 1930년 1월 24일, 김좌진이 공산당원의 사주를 받은 박상실에게 저격을 받고 숨을 거둔 것이다. 42세, 한참 일할 나이였다. 김좌진의 암살은 민족주의 계열과 공산주의 계열의 대립이 격화되는 상황에서 발생했다. 김좌진이 일제와 협력하여 공산당원을 죽게 했다는 거짓 정보 때문이었다. 한 나라의 독립을 위해 움직이던 세력들이 민족주의니 공산주의니 편을 가르며 싸움을 벌였으니 지금 와 생각하면 답답해서 가슴을 칠 일이다.

김좌진이라는 큰 기둥을 잃은 독립군은 크게 휘청거렸다. 어쩌면 이대로 무너져 주저앉을지도 모르는 위기상황이었다. 이때 사후정리를 위해 애쓴 이가 김종진과 동료들이었다. 교민들을 안정시키고, 김좌진의 장례식을 치렀으며, 치안대를 조직하여 배후 조종자인 김봉환(金奉煥)을 잡아 처단하고 박상실을 추격했으며, 김좌진의 뒤를 이어 독립군의 명맥을 이어나갔다.

하지만 지도자인 김좌진 장군을 잃고 나자 사업은 지지부진해지고 자금난까지 겹쳐왔다. 김종진은 이을규와 함께 베이징까지 가서 사업자금을 얻기에 힘썼으나 실패했다. 게다가 일본의 압박이 나날이 거세어졌고, 중국마저도 일본의 편으로 돌아섰다. 함께 자금을 얻기 위해 백방으로 뛰던 이을규마저 일본 경찰에게 체포당했다. 뿐만 아니라 민족주의자와 공산주의자의 대립이 갈수록 심해져서 공산주의자들도 한족총연합회의 와해를 노렸다.

결국 한족총연합회의 간부인 이준근 · 김야운이 북만주 스터우허쯔(石頭河子)에서 저격 살해당하고, 김종진도 하이린(海林)역 부근에서 납치되었다. 이것이 김종진의 마지막이었다. 이후 그는 어디로 끌려갔는지, 죽었는지 살았는지조차 알 수 없었다. 동지들과 가족들이 필사적으로 찾아 헤맸지만 시신조차 찾을 수 없었다. 김종진의 동지와 가족은 그가 실종된 1931년 7월 11일을 그의 순국일로 정했다. 그리하여 31세의 나이로 김종진이 10여 년간의 혁명투쟁은 그 막을 내렸다. 후일 김종진의 친구이자 동료였던 이을규는 그의 실종, 그리고 죽음에 대해 다음과 같은 조사(弔死)를 남겼다.

내가 슬퍼함은 동지를 위하여 그대의 죽음을 슬퍼함이 아니라 겨레와 인류의 앞길을 위하여 하나의 등대가 꺼졌음을 슬퍼하는 것이요, 내가 서러워함은 동지의 요절(夭折)을 아껴 서러워하는 것이 아니라 동지의 포부와 경륜을 펴보지 못했음을 서러워하는 것이다. 등대가 꺼졌으니 민족과 인류의 행로가 캄캄하구나. 아, 슬프고 서럽다.

명문가의 후손으로 태어나 무엇 하나 남부러울 게 없었던, 김좌진과 김종진은 자신을 버리고 나라를 위해 모든 것을 바쳤다. 그 때문에 고단한 삶을 살다 이국땅의 외로운 영혼이 되었지만 이들의 노력은 헛되지 않았다. 이 나라가 독립을 맞은 지도 벌써 50여 년이 넘었다. 아직까지도 친일파 청산과 관련하여 말이 많지만 이처럼 노블레스 오블리주를 실행하며 삶을 불살랐던 인물들의 희생이 있었기에 단군이래 최대의 국가번영을 누리면서 세계와 어깨를 겨루며 사는 나라가 될 수 있는 것이다.

닫는 글 | 조선 명문가란?

양반이란 동반(東班, 문관)과 서반(西班, 무관)을 합하여 이르는 말이다. 이러한 양반들은 여러 대에 걸쳐 벼슬살이를 하면서 혈연을 중심으로 이른바 조선의 명문가(名門家)를 형성하였다. 명문가란 꼭 벼슬이 높거나 부귀공명을 누리는 집안을 말하는 것은 아니다. 벼슬이 대대로 끊어지지 않고 벼슬 중에서도 문반이 많으며 문반 가운데서도 삼사(三司)의 문한(文翰)을 많이 배출한 가문을 흔히 명문가로 꼽는다. 삼사란 사헌부·사간부·홍문관을 말하는데, 그중에서도 옥당(玉堂)이라는 별명이 붙은 홍문관을 으뜸으로 친다. 또한 그 후손들 가운데 역적·간신·장리(贓吏, 부정부패 관리)가 없어야 더욱 문벌이 빛나는 것이다.

예컨대 다산 정약용 같은 이는 자신의 집안에 큰 벼슬을 한 사람은 없었어도 8대가 내리 옥당을 거쳤다는 것을 항상 자랑했고, 이 것은 조선 최고의 학문 군주인 정조도 인정했다.

흔히 말하는 사대부(士大夫)란 글을 읽으면 선비(士)요, 벼슬에 나가면 대부(大夫)라는 의미를 지녔다. 그래서 대부가 벼슬에서 물러나 은거하면 다시 선비가 되는 것이 본래의 모습이다. 특별히 덕이 뛰어난 선비를 군자(君子)라 칭하기도 했다.

옛 선비들은 선비로서의 요건이 있었다. 학문과 예술이 겸비된 인재를 요구한 것이다. 학문은 문·사·철로 오늘날의 문학·역사·철학을 일컫는 것이며, 예술은 시·서·화를 두루 갖추어야 했다.

문·사·철이 선비로서의 전공필수라면 시·서·화는 교양필수라 할 수 있겠다. 또한 선비는 학(學)·행(行)의 일치가 요구되었으며, 벼슬에 나아가서는 청백리(淸白吏)가 되는 것을 최고의 덕목으로 여겼다. 정승으로 청백리가 되는 것은 쉽지가 않았다. 우리가 알고 있는 황희·맹사성·유관이 조선조의 대표적인 청백리 정승이라 할 수 있다.

조선조에서 명문가라 부르는 집안은 많다. 그러나 위와 같은 조건에 모두 합격할 수 있는 가문이 과연 얼마나 될까? 이긍익의 『연려실기술』관직전고에 보면, 조선의 명문 집안을 다음과 같이 소개하고 있다.

우리나라 조정에 조(祖)·부(父)·자(子) 3대를 연이어 정승이 된 집안은 심덕부·심온·심회의 3대, 김구·김재로·김치인의 3대, 서종태·서명균·서지수의 3대가 있다.

부자(父子)가 이어서 정승이 된 사람은 황희·황수신 부자, 이인손·이극배·이극균 부자, 정창손·정괄 부자, 홍언필·홍섬 부자, 신승선·신수근 부자, 정유길·정창연 부자, 윤두수·윤방 부자, 정태화·정재숭 부자, 민정중·민진장 부자, 김수항·김창집 부자, 조문명·조재호 부자, 이세백·이의현 부자를 꼽고 있다.

형제가 정승이 된 이는 윤사분·윤사흔 형제, 허종·허침 형제, 이기·이행 형제, 심연원·심통원 형제, 김상용·김상헌 형제, 정태화·정치화 형제, 김수흥·김수항 형제, 민암·민희 형제, 윤지선·윤지완 형제, 최석정·최석항 형제, 이건명·이관명 형제, 조문명·조현명 형제, 김약로·김상로 형제, 정우량·정후량 형제, 신만·신외 형제, 홍봉한·홍인한 형제이다.

이외에 일문(一門)이 정승이 된 집안은 이산해와 그의 매부 김응남·사위 이덕형이 있고, 조손(祖孫)이 정승이 된 이는 심정·심수경 집안 등이 있다.

『연려실기술』 별집 제6권

그러나 이런 명문 집안이란 벼슬로 얼마나 영달했느냐 하는 것일 뿐 여기서 말했던 명문가의 조건을 모두 갖추었다는 것은 아닐 것이다.

조선의 신분제도는 매우 엄격하여 사민(四民) 즉 사농공상(士農工商) 중에서 사 계층에만 벼슬할 자격이 부여되고 있는데 이 사 계층을 우리는 양반이라고 했다. 조선 말에 이르면 이런 양반들이 급격히 늘어나 무위도식하는 계층이 전 인구의 절반이나 되었다고 한다. 이러한 세태에 대해 『택리지』를 쓴 이중환의 백성론은 우리에게 많은 가르침을 준다.

옛날에는 사대부라는 명칭이 없었고 모두 백성(百姓)이라 하였다. 백성에는 네 종류가 있는데, 선비(士)는 어질고 덕이 있으면 임금이 벼슬을 시켰고, 벼슬을 하지 못한 자는 혹은 농(農)이 되고, 공(工)이 되고, 상(商)이 되었다. 옛날 순 임금은 역산에서 밭갈고, 하빈에서 질그릇을 굽고, 뇌택에서 고기잡이를 하였었다. 밭을 가는 것은 농부의 일이고, 그릇을 굽는 것은 공인의 일이고, 고기를 잡는 것은 상인이었다. 그리하여 임금에게 벼슬하지 않으면 마땅히 농·공·상의 백성으로 돌아가게 되었다. 대개 순 임금은 천고의 백성이 되는 표본(法)이다. 잘 다스림의 극치에 이르면 우리는 모두 백성으로서 우물을 파고 밭을 갈며 즐거워 할 것이지 어찌 계급 명예의 차별이 있겠는가."

『택리지』 사민총론

부록

참고문헌

국사편찬위원회,『한국사(20,32)』, 1994

금장태 · 고광직,『속 유학근백년』, 여강출판사, 1989

김동욱 역,『동패락송』, 아세아문화사, 1996

김성윤,『조선후기탕평정치연구』, 지식산업사, 1997

김영모,『조선 지배층 연구』, 고헌 출판부, 2002

김우기,『조선중기척신정치연구』, 집문당, 2001

김종권,『명가의 가훈』, 명문당, 1997

김학수,『끝내 세상에 고개를 숙이지 않는다』, 삼우반, 2005

박상만,『한국역대 교육명가열전』, 명문당, 1987

박성수,『조선의 부정부패, 그 멸망에 이른 역사』, 규장각, 1999

반민족문제연구소,『친일파99인(1)』, 돌베개, 1993

북한 사회과학원 고전연구소 편찬,『고려사(9)』

설석규,『조선시대 유생상소와 공론정치』, 선인, 2002

신복용,『대동단실기』, 양영각, 1982

유봉학,『조선후기 학계와 지식인』, 신구문화사. 1999

윤갑식,『이조상신론』, 명문당, 1988

윤갑식,『한국전고』, 명문당, 1988

윤병석,『독립군사』, 지식산업사, 1990

윤효정,『한말비사』, 교문사, 1995

이광린,『김옥균』, 동아일보사, 1994

이규태,『한국의인맥(4)』, 신태양사, 1971

이긍익, 『국역 연려실기술(5,7,9)』, 민족문화추진회, 1976

이능화, 『조선해어화사』

이덕일, 『교양 한국사(2,3)』, 휴머니스트, 2005

이수건, 『한국의 성씨와 족보』, 서울대학교출판부, 2003

이수민, 『영남 사림파의 형성』, 영남대학교출판부, 1979

이은순, 『조선후기당쟁사연구』, 일조각, 1995

이을규, 『시야 김종진 선생 전』, 1963

이이화, 『한국의 파벌』, 여강출판사, 1991

이희환, 『조선후기당쟁연구』, 국학자료원, 1995

임방, 『천예록』, 명문당, 2003

장필기, 『조선후기 무반벌족가문 연구』, 집문당, 2004

『조선왕조실록』

중앙일보사, 『성씨의 고향』, 1989

차장섭, 『조선후기벌열연구』, 일조각, 1997

최완기, 『한국 성리학의 맥』, 느티나무, 1989

허권수, 『조선후기 남인과 서인의 학문적 대립』, 법인문화사, 1993

황현, 『매천야록』

황현/이민수 역, 『동학란(동비기략초고)』, 을유문화사, 1985

찾아보기

ㄱ

갑신정변 20, 196~199
갑인예송(甲寅禮訟) 84
강홍립(姜弘立) 30, 31
경신환국(庚申換局) 86
『경종수정실록』 115
『경종실록』 112, 114~116
계축옥사(癸丑獄事) 80, 81
『고려사』 19, 20, 37, 38
〈곡운구곡도〉 89
『곡운집(谷雲集)』 90
『공사견문(公私見聞)』 33, 72
구안동김씨 18~21, 25, 26, 32, 34, 35
기사환국(己巳換局) 87, 99
기해예송(己亥禮訟) 84
김가진(金嘉鎭) 201~203
김경징(金慶徵) 51~54
김구 19, 34, 215
김방경(金方慶) 19~26
김병기(金炳基) 171, 181~184, 188, 195
김병연(金炳淵) 162, 165~167
김상용(金尙容) 45, 46, 48~51, 54~59, 61, 74, 78~80, 87, 118, 147, 169~171, 178, 204, 207, 216
김상헌(金尙憲) 32, 34, 39, 45, 46, 48, 49, 61~63, 65, 68~75, 78, 80~83, 87, 90~92, 97, 100, 118, 119, 125, 216
김선평(金宣平) 18, 35~42
김수항(金壽恒) 40, 80, 82~88, 90~92, 94~100, 111, 112, 114, 117, 119, 123, 125, 128, 148, 174, 215, 216
김수흥(金壽興) 83~85, 87~89, 91, 99, 216
김숙승(金叔承) 18
김시민(金時敏) 19, 25, 27~29, 32
『김씨연방집(金氏聯芳集)』 101
김옥균(金玉均) 20, 195~200
김응하(金應河) 19, 25, 29~32
김일경(金一鏡) 106, 109, 110, 112
김자점(金自點) 19, 32~35
김조순(金祖淳) 117, 121~125, 127~130, 135~142, 144~149, 153
김종진(金宗鎭) 204, 207, 209~213
김좌진(金佐鎭) 20, 204~207, 210~213
김창집(金昌集) 40, 80, 96~98, 100~102, 106~108, 111~117, 123, 125, 126, 128, 148, 170, 174, 215

ㄴ

나합(羅蛤) 188~192

ㄷ

『동사강목』 37

ㅁ

『매천야록』 174, 185, 187
『문곡집(文谷集)』 89, 90
문체반정(文體反正) 127~130

ㅂ

박지원 79, 123, 127, 128, 139
『백범일지』 34

부록

병자호란 33, 46, 49, 50, 58, 61, 63, 79, 80, 92

ㅅ

석실서원(石室書院) 74, 75, 78, 83
세도정치(世道政治) 19, 20, 120~122, 138, 139, 142, 144, 146~149, 153, 158~162, 167, 169, 172, 174, 175, 179, 182, 184, 187, 191
송시열 34, 43, 63, 75, 78, 82, 84, 89~96, 99, 101, 116, 119, 121, 170
순원왕후 155, 156, 158, 172
『순조실록』 145, 147
「신도비명(神道碑銘)」 42
『신유의서(辛酉擬書)』 93, 94
신임사화(辛壬士禍) 114, 120
『신증동국여지승람』 37

ㅇ

『안동김씨대동보』 18, 19
『연려실기술』 53, 215, 216
『열하일기』 128
『영가지(永嘉誌)』 40
『우암집』 31
이건명(李健命) 96, 107~109, 216
이이명(李頤命) 96, 107, 108, 113, 115
『인조실록』 59, 62
임진왜란 25, 27~29, 39, 46, 49, 51, 95, 138

ㅈ

장동김씨 46, 169, 174, 195
정묘호란 33, 52
『정조실록』 127, 129, 131

조병구 157, 158
조병현 157, 158
조태채(趙泰采) 96, 107~109

ㅊ

철인왕후 176, 181
최명길(崔鳴吉) 64, 65, 68~72, 90

ㅌ

탕평책 122, 124, 130
「태장설단입비 사적비(台庄設壇立碑 事蹟碑)」 40, 41
『퇴우당집(退憂堂集)』 89, 90

ㅍ

『평산냉연(平山冷燕)』 127
『풍고집』 144, 145, 148

ㅎ

『헌종실록』 154
호락논쟁(湖洛論爭) 78, 120
홍경래의 난 141, 160, 162~165
회니시비(懷尼是非) 92, 93, 101
회퇴변척(晦退辨斥) 62
효현왕후 169, 155
홍선대원군 19, 75, 78, 141, 174, 176, 180~184, 189~192, 194~196

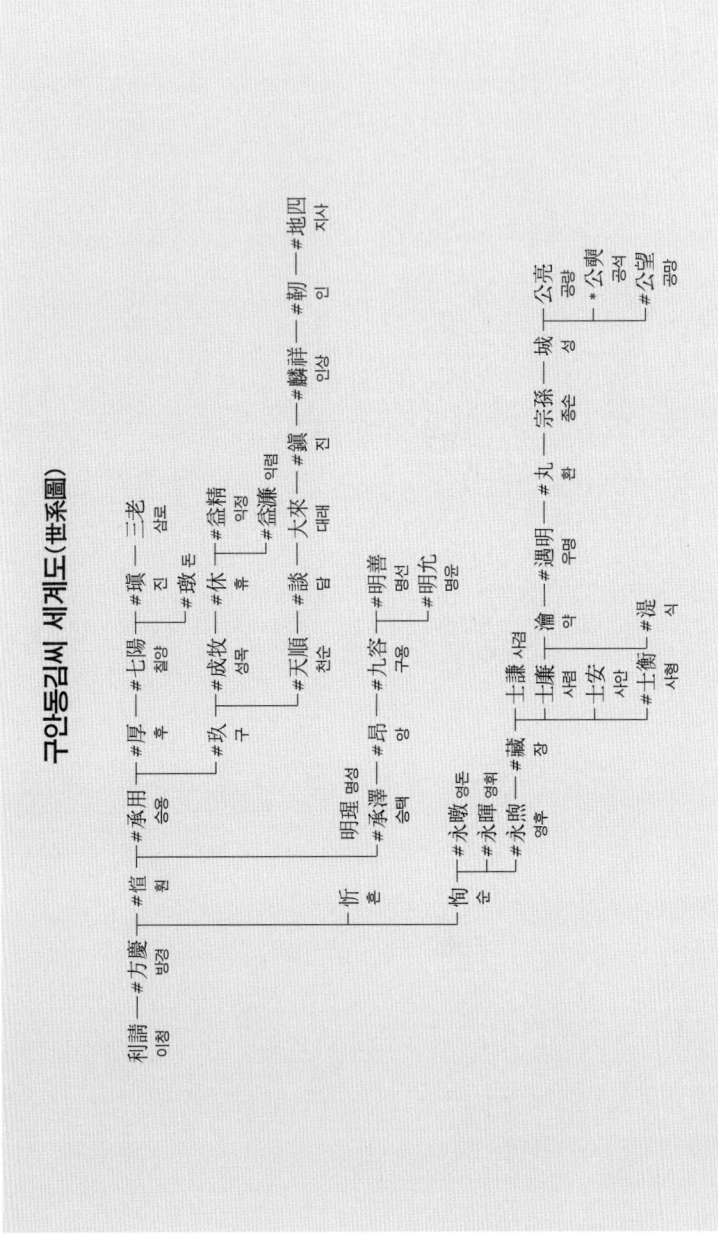

● 부록 ●

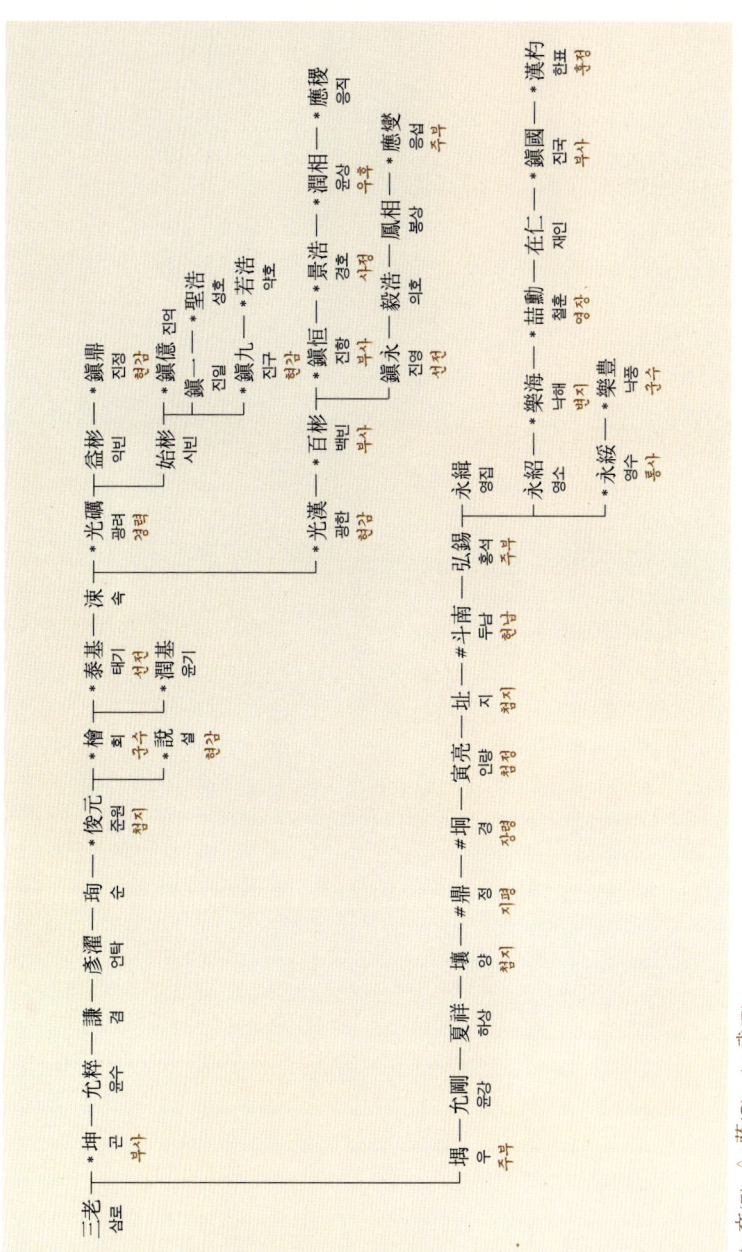

225

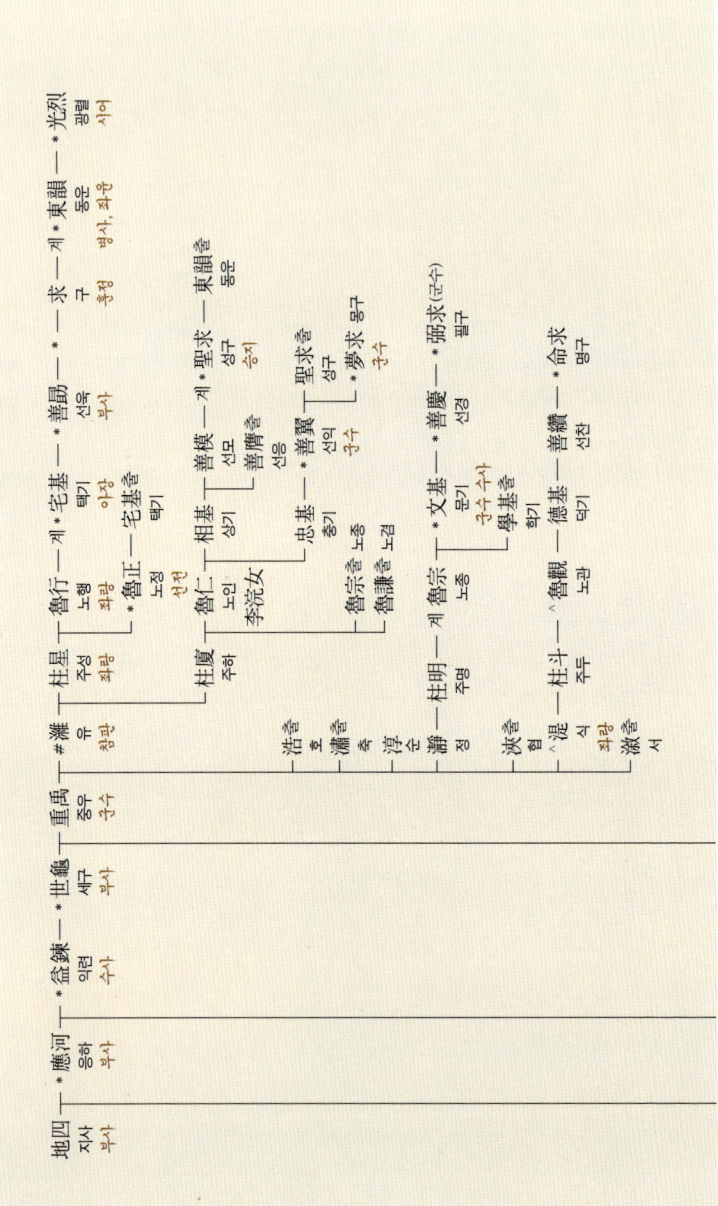

● 부록●

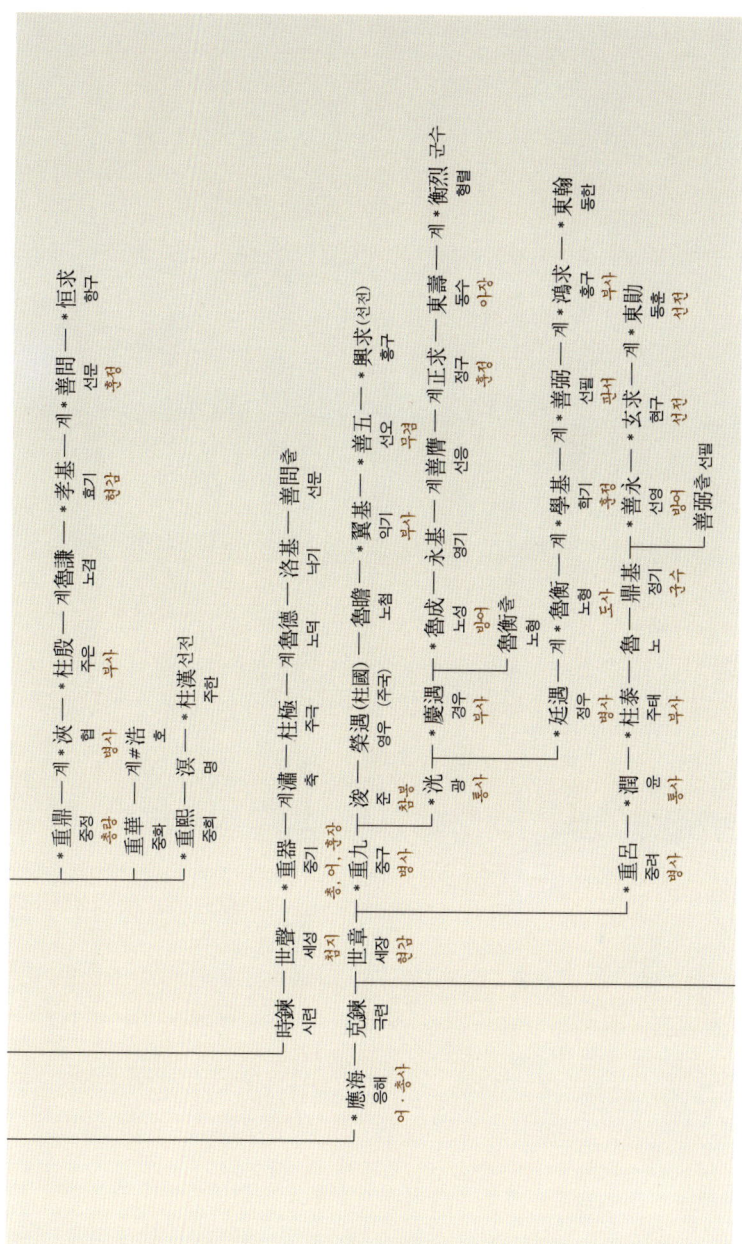

227

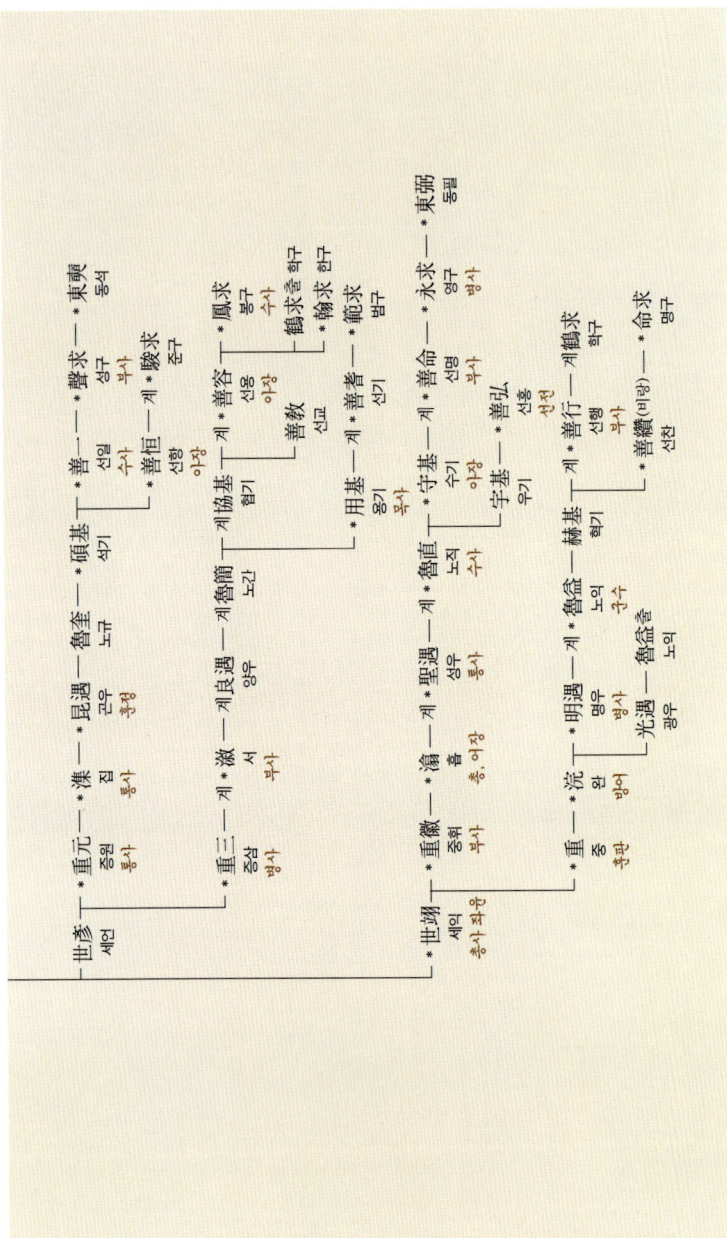

● 부록●

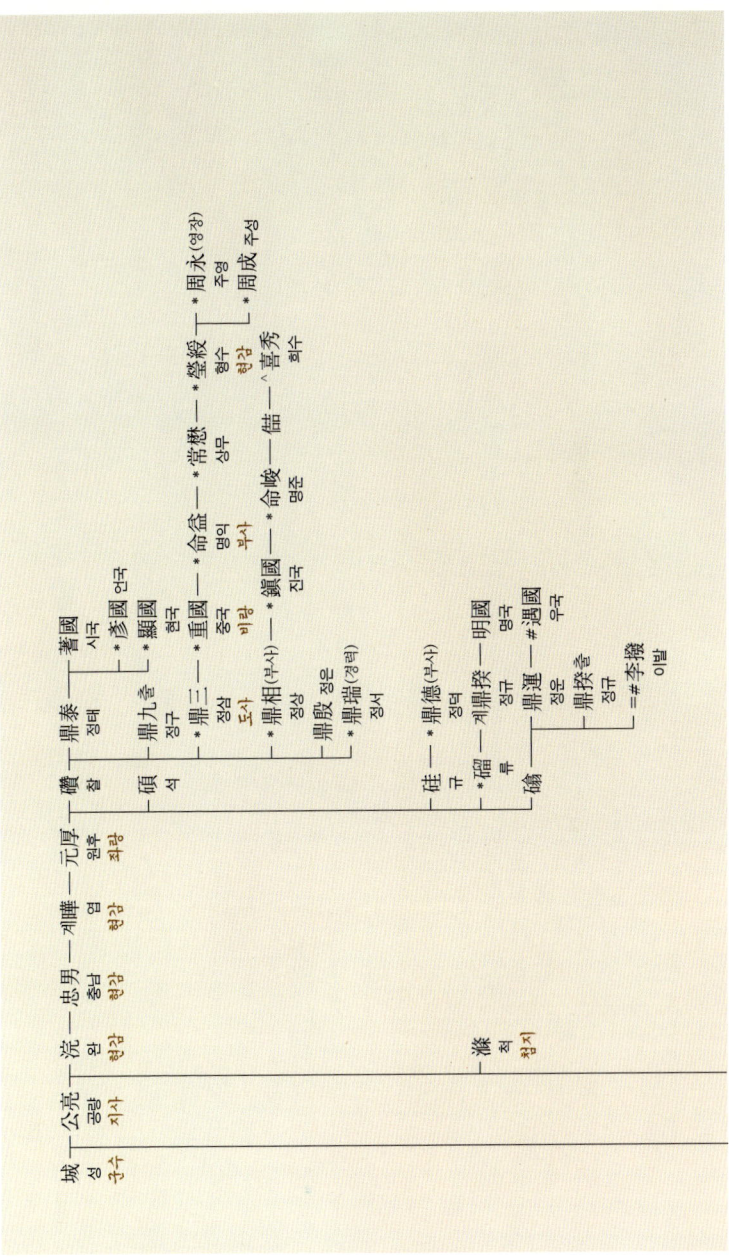

229

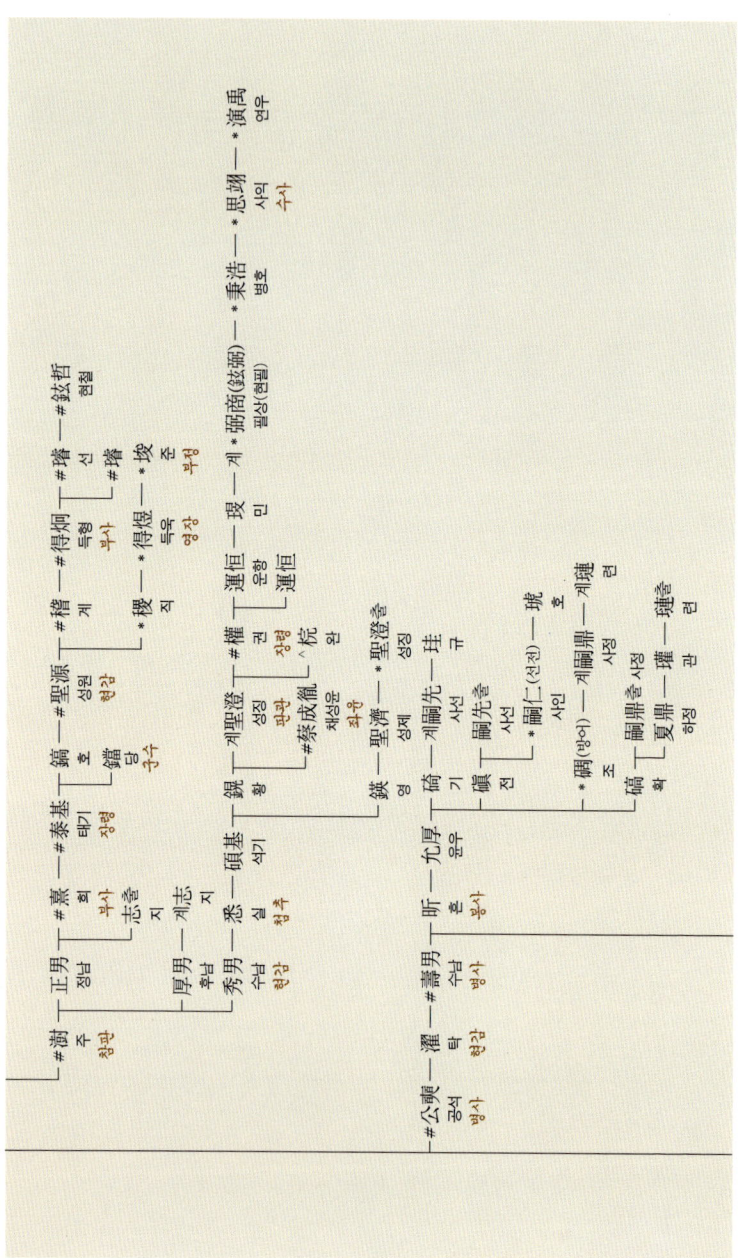

230

● 부록 ●

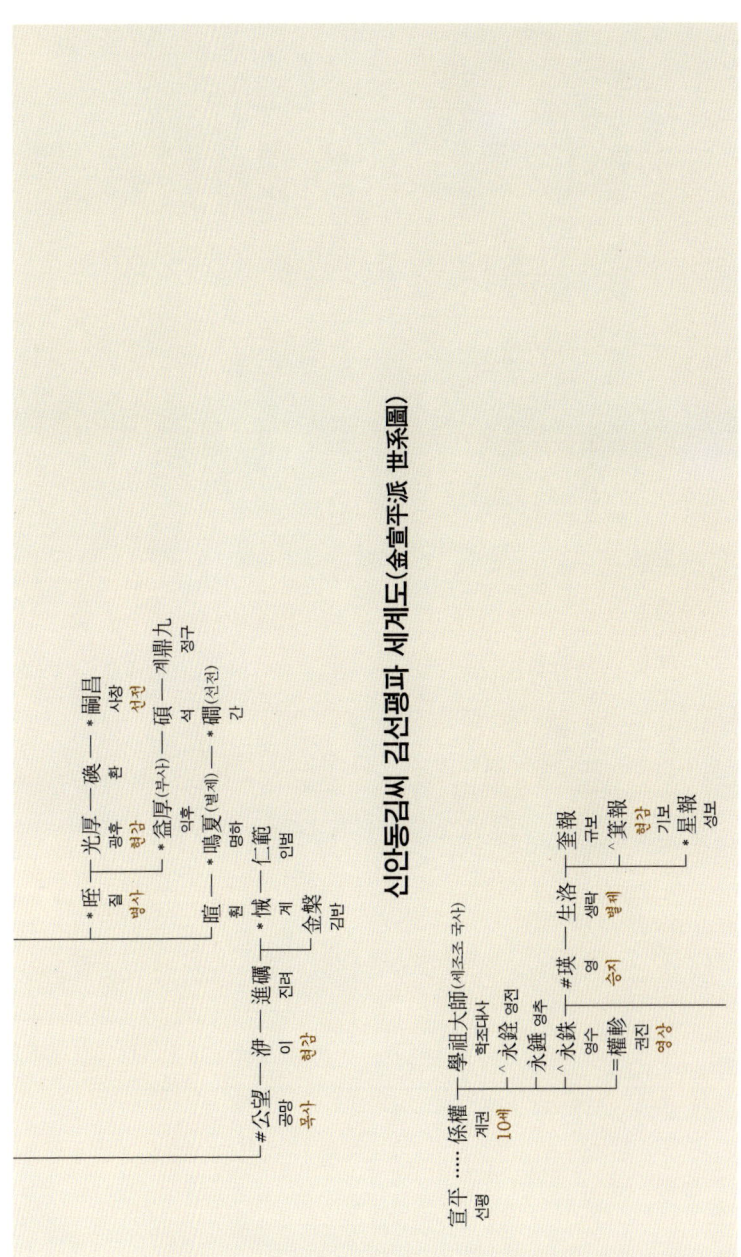

신안동김씨 김선평파 세계도(金宣平派 世系圖)

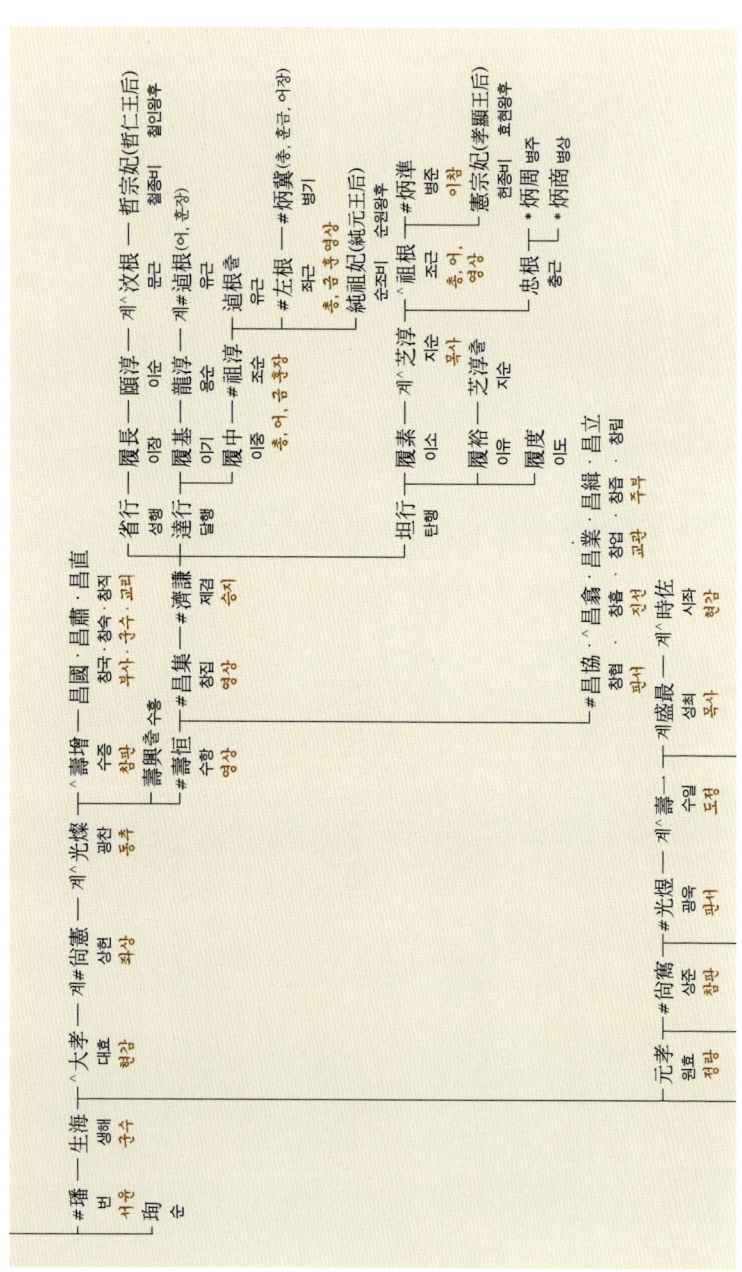

●부록●

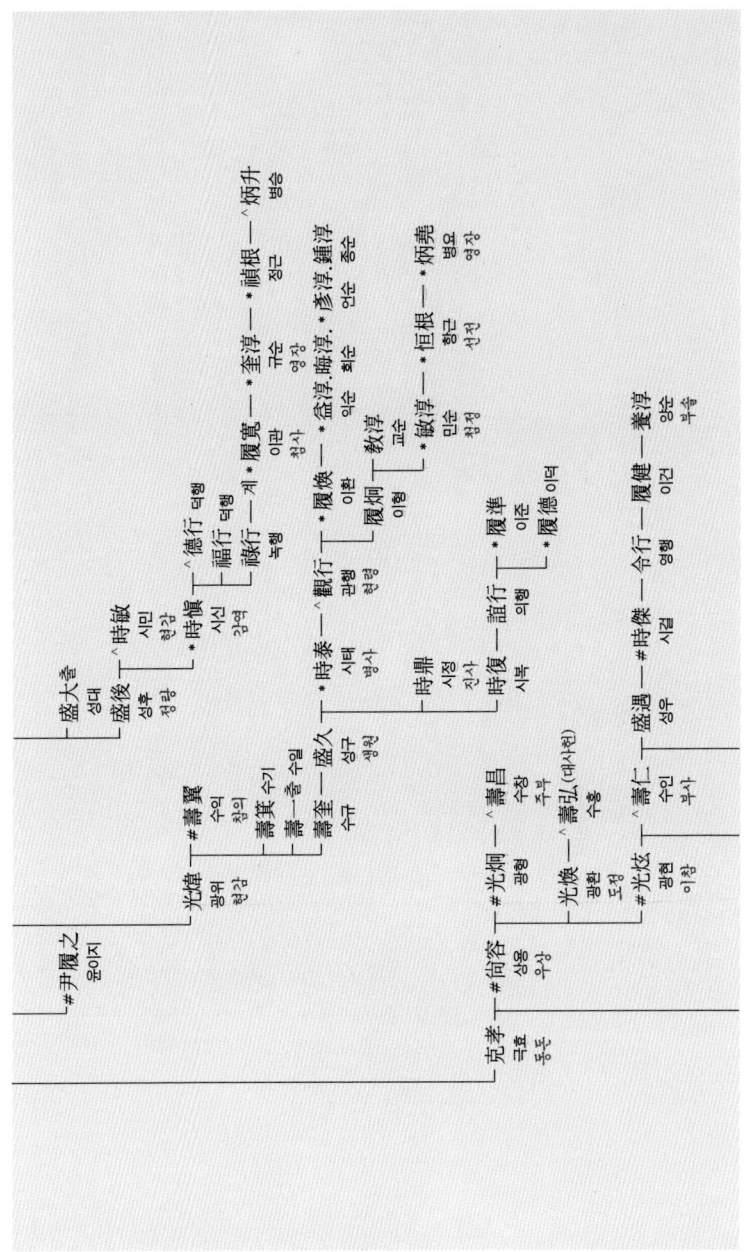

233

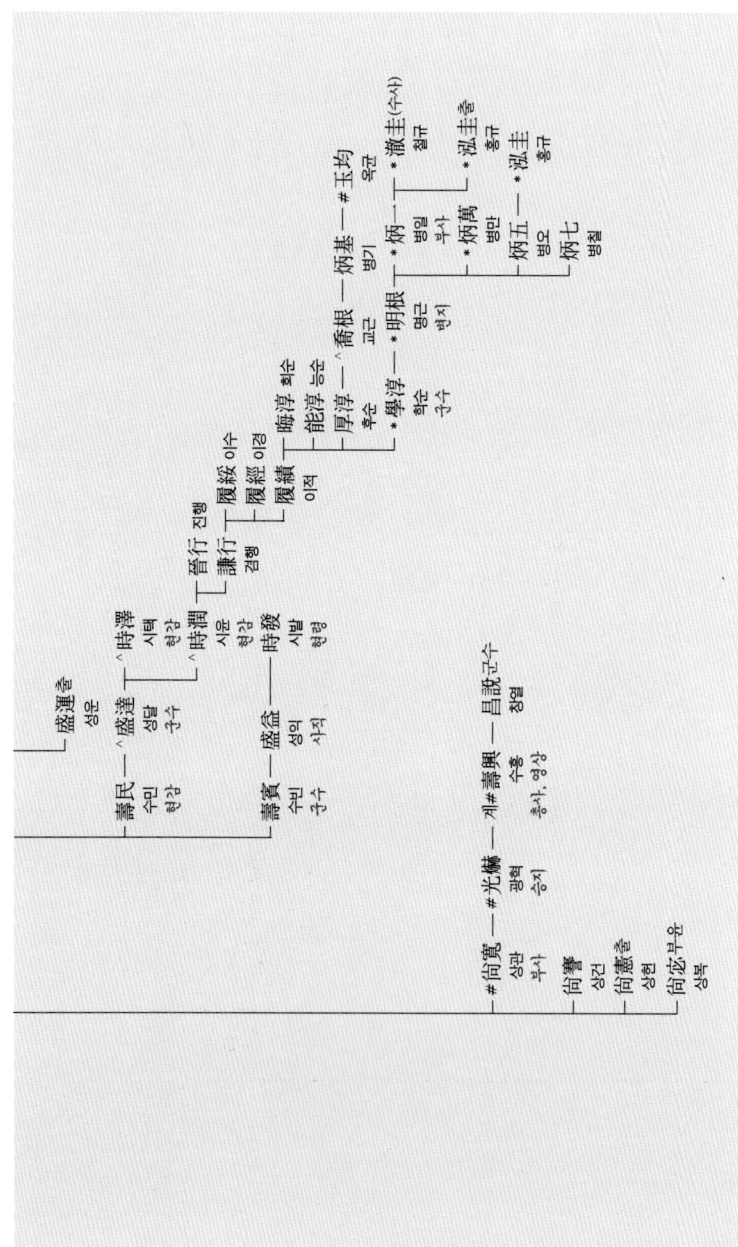